本書の特長と使い方

主要5教科の，定期〔……〕ト を
一問一答式の問題でま〔……〕
学習内容1項目（1〔……〕ィル
ターを使って，何度も〔……〕

JN021020

（一問一答）

問題が解けるようになった
ら，チェック欄□に✓をし
ましょう。

☆☆☆ 重要度を3段階で
示しています。

解答のそばに，問題の解き
方や考え方を示した解説を
設けています。

得点
アップ
UP
その単元で重要
なポイントを簡
潔にまとめてい
ます。

消えるフィルターで解答を
かくして，問題を解いてい
きます。

図や表を使った問題に取り
組みます。

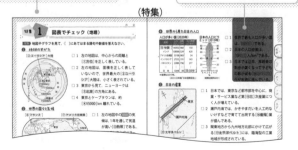

（特集）

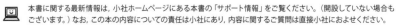

本書に関する最新情報は，小社ホームページにある本書の「サポート情報」をご覧ください。（開設していない場合も
ございます。）なお，この本の内容についての責任は小社にあり，内容に関するご質問は直接小社におよせください。

CONTENTS もくじ

写真提供 長崎歴史文化博物館収蔵／国立国会図書館／毎日新聞社／首相官邸ホームページ／
ピクスタ／国文学研究資料館（CC BY-SA 4.0）／ColBase(https://colbase.nich.go.jp) ほか（敬称略）

1 地理

世界のすがた

入試重要度
☆☆☆

問題 次の各問いに答えなさい。

解答

◉地球のすがたと世界地図, 世界の国々

□ 1* 地球の表面の海洋と陸地の割合を比べたとき，海洋の割合はおよそ何割か。

1 7割

□ 2* 右の**地図1**中のa，bの大陸，cの海洋をそれぞれ何というか。

2 a アフリカ大陸
  b ユーラシア大陸
  c 太平洋

□ 3 **地図1**中のAの緯度・経度を答えよ。

3 南緯30度
  東経165度

□ 4 右の**地図2**中のa，bの州をそれぞれ何というか。

4 a ヨーロッパ州
  b 北アメリカ州

□ 5* **地図2**中のアジア州を細かく区分したとき，日本は何という地域に含まれるか。

5 東アジア
解説 アジア州は，東アジア・東南アジア・南アジア・中央アジア・西アジアなどに区分される。

□ 6 **地図2**中のAの国のように，国土がまったく海に面していない国を何というか。

6 内陸国

□ 7 右の国旗は，**地図2**中のイギリス・南アフリカ・インド・オーストラリアのうち，どの国のものか。

7 オーストラリア

得点
アップ
UP

◉緯度と経度
▶緯度→赤道を0度とし，地球を南北90度ずつに分けている。
▶経度→本初子午線を0度とし，地球を東西180度ずつに分けている。

2 日本のすがた

入試重要度 ☆☆☆

問題 次の各問いに答えなさい。

解答

◉日本の位置と領域

☐ 1* 右の図は，国の領域を示したものである。図中のa〜dにあてはまることばと数字をそれぞれ答えよ。

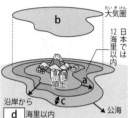

大気圏

12海里以内

日本では

沿岸から

d 海里以内

c

a

公海

領土

領海

☐ 2* 日本がロシア連邦に返還を求めている，北海道の北東にある日本固有の領土である島々を何というか。

☐ 3* 兵庫県の明石市を通る，日本の標準時子午線の経度は何度か。

1　a 領　海
　　b 領　空
　　c 排他的経済水域
　　d 200

2　北方領土
解説 歯舞群島，色丹島，国後島，択捉島からなる。

3　東経135度
解説 この経線を基準として日本の時間を決めている。

◉都道府県と県庁所在地

☐ 4 47都道府県のうち，内陸の県をすべて答えよ。

☐ 5 右の地図にあるa〜dの県の県庁所在地をそれぞれ答えよ。

d

c

a

b

◉世界各地との時差

☐ 6 日本が午後3時のとき，東経30度のカイロ（エジプト）は午前・午後の何時か。

☐ 7 日本が12月25日午前7時のとき，西経75度のワシントン（アメリカ）は何月何日午前・午後の何時か。

4　栃木県，群馬県，埼玉県，長野県，山梨県，岐阜県，滋賀県，奈良県

5　a 水戸市
　　b 横浜市
　　c 津市
　　d 松江市

6　午前8時

7　12月24日午後5時

得点
アップ
UP

◉日本の領土の東西南北の端
▶東端→南鳥島，西端→与那国島，北端→択捉島（ロシア連邦が占拠），南端→沖ノ鳥島（排他的経済水域を守るため，護岸工事がほどこされている）

3 世界の人々の生活と環境

入試重要度
☆ ☆ ☆

問題 次の各問いに答えなさい。

解答

●世界の気候

□ 1* 右の雨温図のように，夏と冬の気温の差が大きく，冬は非常に寒くなる気候帯を何というか。

30℃ / 500mm / 400 / 300 / 200 / 100
気温 20 / 10 / 0 / -10 / -20
降水量
1月 7 12
（2021年版「理科年表」）

□ 2 1 の気候帯に属するシベリアで見られる，針葉樹林を何というか。

□ 3* 温帯のうちイタリアなどで見られる，冬には一定の降水量があり，夏は乾燥（かんそう）する気候を何というか。

●人々の生活と宗教

□ 4 イスラム教を信仰（しんこう）する人々が金曜に集まって祈（いの）りをささげる礼拝所を何というか。

□ 5 イスラム教を信仰する人々が一年に一度行う，日の出から日没までまったく飲食をしない宗教行事を何というか。

□ 6 イスラム教の教典を何というか。

□ 7 ヒンドゥー教を信仰する人々が，神の使いであるとして決して食べないのは何の肉か。

□ 8 右の絵があらわしているのは，何という宗教の行事のようすか。

---

1 冷帯（亜寒帯（あ））
解説 夏の気温が高くなる冷帯に対して，寒帯は一年中気温が低い。

2 タイガ

3 地中海性気候（ちちゅうかい）
解説 同じ温帯でも，地中海性気候には日本のような梅雨（つゆ）はない。

4 モスク

5 断食（だんじき）

6 コーラン

7 牛
解説 イスラム教では，豚を「清められていない動物」として，食べない。

8 キリスト教

得点
アップ
UP

◎熱帯にも 2 つの気候

▶熱帯雨林気候→一年中気温が高く，多くの雨が降る。熱帯雨林が広がる。

▶サバナ気候→一年中気温が高く，雨季と乾季がある。

4 アジア州

入試重要度
☆ ☆ ☆

問題 次の各問いに答えなさい。

解答

◎気候と産業

□ 1* ユーラシア大陸の東側に位置するアジア州東部に四季のちがいをもたらす，季節によって風向きが変わる風を何というか。

1 季節風（モンスーン）

□ 2* 1970年代から工業化が進み，急速な経済成長をとげた，韓国（かんこく）・台湾（たいわん）・ホンコン・シンガポールなどを合わせて何というか。

2 アジアNIES（ニーズ）（新興工業経済地域）

□ 3* タイ・マレーシア・インドネシアなどを中心としてつくられた，東南アジアにおける経済や政治，文化などの地域協力機構を何というか。

3 ASEAN（アセアン）（東南アジア諸国連合）

□ 4* 中国で，外国企業を受け入れるために沿海部に設けられた，右の地図1中の▲の地区を何というか。

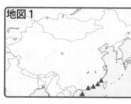
地図1

4 経済特区
解説 経済特区では，外国企業は税金などの面で優遇されている。

□ 5 マレーシアやインドネシアなどで，商品作物を大量に栽培（さいばい）するために植民地時代につくられた大農園を何というか。

5 プランテーション

□ 6* 右の地図2中の▨の国々が加盟している，石油の産出国の利益を守るための組織を何というか。

地図2

6 OPEC（オペック）（石油輸出国機構）
解説 石油は，西アジアで多く産出される。

得点アップUP

◎多様なアジア
▶ 多民族国家→多様な民族がくらし，多くの宗教が信仰（しんこう）されている国家。
▶ 人口の多いアジア→人口の多さは中国が世界第1位，インドが第2位。

社会
理科
数学
英語
国語

5 ヨーロッパ州

問題 次の各問いに答えなさい。

解答

◉ヨーロッパ州の自然と社会および産業

□ 1* ヨーロッパ西部の気候は、高緯度のわりに冬でも温暖である。この地域の寒さをやわらげている、北大西洋海流の上をふく風を何というか。

1 偏西風
解説 暖流の北大西洋海流の上を通ることで、偏西風は暖かい風となる。

□ 2 地図中の◯の地域に見られる、氷河によって削られてできた複雑な海岸地形を何というか。

2 フィヨルド

□ 3* 右の地図中の▨▨▨の地域で行われている、穀物栽培と豚や牛を中心とした家畜の飼育を組み合わせた農業を何というか。

3 混合農業
解説 地中海沿岸ではオリーブやオレンジなどの栽培がさかん。北部やアルプスでは酪農が中心である。

□ 4* ヨーロッパの27か国が加盟している、経済的・政治的な結びつきをもつ組織を何というか。

4 EU（ヨーロッパ連合）

□ 5* 4 に加盟する多くの国々で使用されている共通通貨を何というか。

5 ユーロ

□ 6 4 に加盟する国々の間で問題となっている、1人あたりの国民総所得に差があることなどを何というか。

6 経済格差

□ 7 首都はアムステルダムで、国土の大部分をポルダーとよばれる干拓地が占める国はどこか。

7 オランダ

□ 8 7 のロッテルダム郊外につくられた、4 の玄関口とよばれる世界有数の貿易港を何というか。

8 ユーロポート

得点
アップ
UP

◉異なる民族と共通の文化
▶異なる民族→ゲルマン系、ラテン系、スラブ系など。
▶共通の文化→ヨーロッパでは広くキリスト教が信仰されている。

6 アフリカ州

入試重要度 ☆☆☆

問題 次の各問いに答えなさい。

解答

◉自然と産業

□ 1* 右の地図中の■で示した地域で進んでいる，深刻な環境問題は何か。

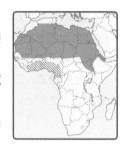

□ 2 右の地図中の▨の地域で栽培がさかんな，チョコレートの原料となる農産物は何か。

□ 3* アフリカなどで多く見られる，1つの商品作物を大量に生産する大規模農園を何というか。

□ 4* 地球上の埋蔵量が少ないことや採掘がしにくいために流通量が少ない，アフリカで多く産出される鉱産資源を何というか。

◉アフリカ州の社会

□ 5 政府の援助とは別に，アフリカの発展途上国などで，技術の指導や自立支援の取り組みなどを行っている民間の組織を何というか。

□ 6* 南アフリカ共和国で行われていた，白人以外の人々を差別する政策は何か。

□ 7 都市への人口集中が進むことで問題となる，せまく簡単な造りで生活環境のよくない住居に多くの人が住んでいる地域を何というか。

---

1 砂漠化

2 カカオ
解説 ギニア湾岸のガーナ，コートジボワールで栽培がさかん。

3 プランテーション

4 レアメタル（希少金属）

5 非政府組織（NGO）

6 アパルトヘイト（人種隔離政策）
解説 アパルトヘイト撤廃後の1994年，黒人初の大統領マンデラが誕生した。

7 スラム

得点
アップ
UP

◉アフリカの歴史

▶19世紀までにエチオピアとリベリア以外の全域がヨーロッパの植民地。
→1950年代以降に独立。1960年，17か国が独立＝「アフリカの年」。

7 北アメリカ州

入試重要度
☆☆☆

問題 次の各問いに答えなさい。

解答

●北アメリカ州の社会

□ 1　かつてヨーロッパなどから北アメリカに来た
　　　人々のように，自分の生まれた国を出て，新た
　　　な土地に移り住む人々を何というか。

1　移民

□ 2* 1 のうち，近年アメリカ合衆国で人口が増え
　　　ている，スペイン語を話す人々を何というか。

2　ヒスパニック
解説 メキシコなどから仕
事を求めてやってくる。

●アメリカ合衆国の産業

□ 3* アメリカ合衆国に多い，多くの国々に支社をつ
　　　くって現地で生産，販売などを行い，国境をこ
　　　えて活動する企業を何というか。

3　多国籍企業

□ 4* 国土の広いアメリカ合衆国では，地域によって異
　　　なる気候や土地などに合わせ，それぞれの地域
　　　に適した農業を行っている。これを何というか。

4　適地適作

□ 5* 右の地図中の□□で示
　　　れた，アメリカ合衆国の北
　　　緯37度以南に広がる先端
　　　技術（ハイテク）産業がさ
　　　かんな地域を何というか。

5　サンベルト
解説 サンベルトの工業地
域ではコンピューターや情
報通信技術産業，航空宇宙
産業が発達している。

□ 6* 地図中の●にはコンピューターなどの先端技術
　　　産業が集中している。この地区を何というか。

6　シリコンバレー

□ 7　2020年発効した，NAFTA（北米自由貿易協定）
　　　に代わるアメリカ合衆国・メキシコ・カナダの
　　　貿易協定をアルファベット 5 文字で何というか。

7　USMCA

得点
アップ
UP

◎農業と工業がさかんなアメリカ
▶企業的な農業→広大な農場で労働者をやとい，大型機械を使って行う。
▶工業の変化→鉄鋼，機械の五大湖沿岸からハイテク産業のサンベルトへ。

8 南アメリカ州, オセアニア州

入試重要度
☆☆☆

問題 次の各問いに答えなさい。

解答

◉南アメリカ州の自然

□ 1* 流域で開発が進められている, 右の地図中の a の川を何というか。

□ 2 1 の川の流域で伝統的に行われてきた, 木を切りたおして燃やし, その灰を肥料として作物を栽培する農業を何というか。

□ 3* 大規模な開発が進み, 1 の流域の森林伐採によっておきている, 深刻な環境問題は何か。

□ 4* 地図中の b に広がる草地では, 牧畜が盛んで, 小麦の栽培なども行われている。この広大な草地を何というか。

1 アマゾン川

2 焼畑農業
解説 伝統的な焼畑農業は, 農地として利用したあと, 土地が回復するまで休ませる。

3 森林破壊（森林減少）

4 パンパ
解説 アルゼンチンの農業の中心地となっている。

◉オセアニア州の社会, 産業

□ 5 オセアニア州に位置するオーストラリアにくらす先住民を何というか。

□ 6* オーストラリアの貿易相手国の変化を示した右の図中の a にあてはまる国はどこか。

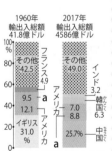

1960年 輸出入総額 41.8億ドル	2017年 輸出入総額 4586億ドル
その他 42.5%	その他 49.0%
フランス 4.9	インド 3.2
9.5 — a	7.0 — 韓国 6.3
12.1 — アメリカ	8.8
イギリス 31.0%	25.7% — 中国
a — アメリカ	a

（2021/22年版「日本国勢図会」など）

5 アボリジニ

6 日本
解説 かつては, 欧米諸国との貿易が多かったが, 現在はアジア諸国との結びつきが強い。

◎オーストラリアとアジアとの結びつき
▶政策の転換→かつてはヨーロッパ系以外との結びつきを制限する白豪主義。
1970年代以降, アジアとの結びつきが強まり, 多文化社会を目指す。

9 地域調査の手法

入試重要度 ★☆☆

問題 次の各問いに答えなさい。

◉いろいろな地図

□ 1* 2万5千分の1地形図と，5万分の1地形図のうち，より詳しい情報を読み取ることができるのはどちらか。

□ 2 2万5千分の1地形図上で1 cm の長さは，実際の距離（きょり）では何 m か。

□ 3* 右下の地形図中の八幡山（やはたやま）と有東山（うとうやま）では，どちらが標高が高いか。

□ 4* 右の地形図中の八幡山と有東山のふもとに見られる a，b は，それぞれ何を表しているか。

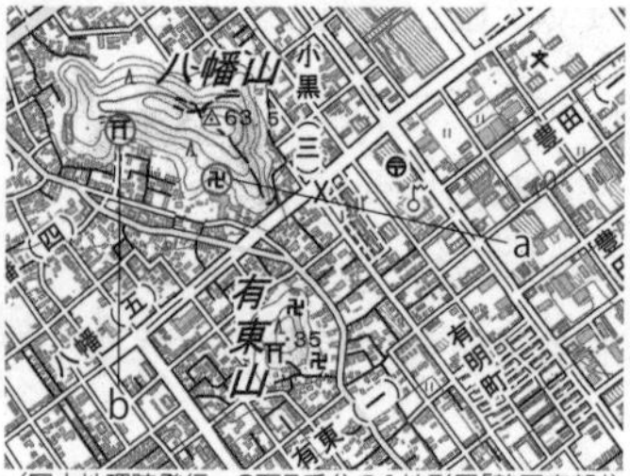

（国土地理院発行　2万5千分の1地形図「静岡東部」）

◉身近な地域の調査

□ 5 野外観察で必要な，観察して歩く道順を記入した地図を何というか。

□ 6 野外調査（フィールドワーク）の中でも，実際に現地を訪ねて，関係者から話を聞く調査を何というか。

解答

1 2万5千分の1地形図

解説 縮尺の分母が小さい方がより詳しい地形図となる。

2 250m

解説 1(cm) ×25000＝25000(cm) ＝250(m)

3 八幡山

解説 等高線，三角点から読み取る。

4 a 寺院
b 神社

5 ルートマップ

6 聞き取り調査

解説 現地の人の声を直接聞くことができ，仮説を実証できる。

得点アップ UP

◎地形図の読み取り

▶等高線→地形図上で土地の起伏をあらわす。地形を知ることができる。

▶地図上の長さと実際の距離→地形図上の長さ×縮尺の分母＝実際の距離

10 日本の自然・人口

入試重要度 ☆☆☆

問題 次の各問いに答えなさい。

解答

◎日本の自然

□ 1* 日本列島やアンデス山脈，オセアニア州の島々がふくまれる造山帯を何というか。

1 環太平洋造山帯

□ 2 本州の中央部にある飛驒，木曽，赤石山脈を合わせて何とよぶか。

2 日本アルプス（日本の屋根）

□ 3 2 の東側に南北にのびる，日本列島の地形を東西に分けている地溝帯を何というか。

3 フォッサマグナ

□ 4 右の地図中のa，bの海流をそれぞれ何というか。

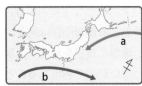

4 a 親潮（千島海流）
　b 黒潮（日本海流）

□ 5 日本の本州以南で見られる，6月から7月にかけての雨が降る日が続く時期を何というか。

5 梅雨

□ 6* 一年中気温が高く，降水量も多い沖縄や小笠原諸島が属している気候帯は何か。

6 亜熱帯
解説 日本の本州は温帯に属しているが，北海道は冷帯（亜寒帯）に属している。

◎世界と日本の人口

□ 7 アジアやアフリカなどの発展途上国で見られる，短期間に人口が急増することを何というか。

7 人口爆発

□ 8* 右の図のように，死亡率があまり変わらず出生率の低下で65歳以上の人の割合が高くなることを何というか。

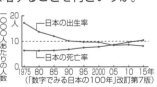

（「数字でみる日本の100年」改訂第7版）

8 少子高齢化
解説 少子高齢化や人口減少は，先進工業国で問題となっている。

得点アップUP

◎本州の日本海側と太平洋側で異なる冬の気候
▶日本海側→冬に北西からしめった季節風がふき，大雪をもたらす。
▶太平洋側→季節風が山脈を越えて乾いた風になり，冬は晴天が続く。

11 日本の資源・エネルギー

入試重要度
☆☆☆

問題 次の各問いに答えなさい。

解答

●世界と日本の資源

□ 1　石油や鉄鉱石などのように，工業製品の原料として使われる鉱物を何というか。

　1　鉱産資源

□ 2*　1 のうち，ペルシア湾やカスピ海沿岸，カリブ海沿岸などの地域に集中して分布している資源は何か。

　2　石　油

□ 3*　天然ガスや石炭などの化石燃料を大量に使用することにより，二酸化炭素のような温室効果ガスの排出量が増えて引きおこる環境問題は何か。

　3　地球温暖化
　解説 対策として，太陽光などの再生可能エネルギーを利用する取り組みなどが行われている。

□ 4*　限られた鉱産資源を，環境に負担をかけず，次の世代の利益を損なわない範囲で利用することを目指す社会を何というか。

　4　持続可能な社会

□ 5*　右のグラフは，世界のおもな国の発電量の内訳を示している。a, b にあてはまる発電方法をそれぞれ答えよ。

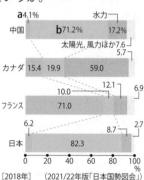

中国　a4.1%　b71.2%　水力 17.2%
太陽光, 風力ほか7.6%
カナダ　15.4　19.9　59.0　5.7
フランス　10.0　71.0　12.1　6.9
日本　6.2　82.3　8.7　2.7
0　20　40　60　80　100 %
[2018年]　（2021/22年版「日本国勢図会」）
※100%になるように調整されていない。

　5　a 原子力（発電）
　**　 b 火力（発電）**
　解説 水資源が豊かな日本は，かつて水力発電が主流だったが，電力需要が増加した現在は火力発電，原子力発電の占める割合が高い。

□ 6*　地熱・風力・太陽光など，自然界で再生し，繰り返し使用することのできる自然エネルギーを何というか。

　6　再生可能エネルギー

得点
アップ
UP

◎日本における発電所の分布
▶水力発電→ダムのある山地。▶火力発電→原料の輸入がしやすい，大都市に近い臨海部。▶原子力発電→人口が少なく，冷却水の豊富な海岸の近く。

12 日本の産業

入試重要度
☆ ☆ ☆

問題 次の各問いに答えなさい。

解答

社会　理科　数学　英語　国語

●日本の農林水産業

□ 1* 消費地である大都市に近いことから，野菜や果物を新鮮なうちに出荷できることを利点とする農業を何というか。

1　近郊農業
解説 千葉県や茨城県で盛ん。

□ 2* 宮崎県や高知県などで，冬でも暖かい気候を利用して，ビニールハウスなどで野菜の生長を早め，出荷時期をずらす栽培方法を何というか。

2　促成栽培
解説 促成栽培に対して，野菜の生長を抑える栽培方法を抑制栽培という。

□ 3* 魚の卵を人工的にふ化させて育てた後，川や海に放流して成長した魚をとる漁業を何というか。

3　栽培漁業

●日本の工業

□ 4 右の地図中の　　で示されている，臨海型の工業地帯・地域が集中する地域を何というか。

4　太平洋ベルト

□ 5* 右の地図中の a 〜 c は三大工業地帯とよばれている。それぞれの工業地帯名を答えよ。

5　a 京浜工業地帯
b 中京工業地帯
c 阪神工業地帯

□ 6 空港や高速道路のインターチェンジ付近などに多くつくられる，工場を計画的に集中させた地域を何というか。

6　工業団地

□ 7* かつて日本が依存していた，原料を輸入して，工業製品をつくり，輸出する貿易を何というか。

7　加工貿易

得点アップUP

●日本における工業地帯・地域の特徴
▶最も生産額の多い工業地帯→中京工業地帯。
▶北九州工業地域→かつては四大工業地帯の1つ。今は地位が低下。

13 日本の交通・通信・貿易

問題 次の各問いに答えなさい。

解答

●世界と日本の交通

□ 1 航空機や船などの交通網の発達により人やもの
の移動が容易になったことで、目的地までの何
が短縮されるようになったか。

1 時間距離

□ 2 新幹線や高速道路、航空路などの、全国各地の
移動を高速化したネットワークを何というか。

2 高速交通網

□ 3* 右のグラフは、国
内の貨物輸送の変
化を示したもので
ある。グラフ中
a～cにあてはま
る輸送手段をそれ
ぞれ答えよ。

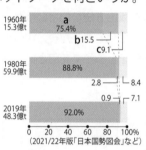

1960年
15.3億t
a 75.4%
b 15.5
c 9.1

1980年
59.9億t
88.8%
2.8
8.4

2019年
48.3億t
92.0%
0.9
7.1

0 20 40 60 80 100%
(2021/22年版「日本国勢図会」など)

3 a 自動車(車)
　b 鉄 道
　c 船舶(船)

解説 高速道路を利用した
トラックによる輸送が増え
ているため、インターチェ
ンジ付近にトラックターミ
ナルが立地している。

□ 4 貨物輸送の手段を、より環境への負担が少ない
ものに変えていくことを何というか。

4 モーダルシフト

●日本の通信と貿易

□ 5 通信ケーブルや通信衛星の発達により、場所や
時間を問わず情報のやりとりを可能にしたネッ
トワークを何というか。

5 情報通信網

□ 6* 輸出入を行っている国家間で生じるさまざまな
問題を何というか。

6 貿易摩擦

□ 7 6 のような、貿易に関する問題を解決する役
割を果たしている国際機関を何というか。

7 世界貿易機関
(WTO)

得点
アップ
UP

●日本の貨物輸送の変化
▶自動車→高速道路の発達により割合が増加。
▶船舶→大量輸送が可能で低料金のため、昔も今も重要な役割を果たす。

地理

14 日本の地域区分

入試重要度
☆☆☆

問題 次の各問いに答えなさい。

解答

◉地域区分と結びつき

□ 1 地方政治を行うために設けられている, **地図1**のような47の地域区分を何というか。

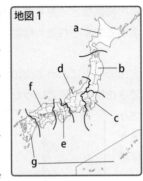

地図1

□ 2 **地図1**のa〜gは, 日本を7地方に分けたものである。**b, e**の地方を, それぞれ何というか。

□ 3 中国・四国地方を3つの地域に分けたとき, **地図2**中のa, bをそれぞれ何とよぶか。

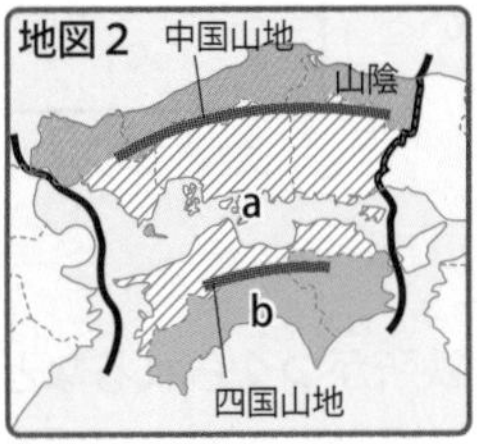

地図2　中国山地　山陰

四国山地

□ 4 中国地方を中国山地の南北で分けた場合, 中国山地の南側を何とよぶか。

□ 5 「甲信越」と地域を分けたとき, ①「甲」②「信」③「越」はそれぞれ何県か。

□ 6 フォッサマグナの西の縁を境に東日本と西日本に分けられるが, フォッサマグナの西の縁とは何県何市と何県何市を結んでいる部分か。

1　都道府県

2　b 東北（地方）

　　e 近畿（地方）

解説 a は北海道地方, c は関東地方, d は中部地方, f は中国・四国地方, g は九州地方。

3　a 瀬戸内（地方）

　　b 南四国（地方）

4　山陽（地方）

5　①山梨県

　　②長野県

　　③新潟県

6　新潟県糸魚川市と
静岡県静岡市

得点
アップ
UP

◉気象や結びつきによる区分

▶実際の生活や結びつきで分けるとき, 三重県は7地方区分では近畿地方に属するが, 天気予報などでは東海地方に含まれることがある。

17

15 九州地方

入試重要度
☆☆☆

問題 次の各問いに答えなさい。

解答

●自然と農業

□ 1* 熊本の阿蘇山や鹿児島の桜島などで見られるような，火山の噴火によってつくられたくぼ地の地形を何というか。

1　カルデラ

□ 2* 九州南部に広がる，火山の噴火によって火山灰などが積み重なってできた地層を何というか。

2　シラス

□ 3* 右の地図中の▨▨でさかんな，ビニールハウスを利用して出荷時期を早める栽培を何というか。

3　促成栽培
解説 宮崎平野では，ピーマン，きゅうりなどの栽培がさかんである。

□ 4 右の地図中の■の地域でおもに栽培されている作物は何か。

4　米
解説 筑紫平野を中心に稲作地帯が広がる。

●工業と環境

□ 5* 明治時代に官営の製鉄所がつくられるなど，四大工業地帯の1つとして栄えた北九州市を中心とする工業地域を何というか。

5　北九州工業地域
解説 エネルギー革命によってエネルギー源が石炭から石油へかわると，北九州工業地帯の地位は低下して，工業地域となった。

□ 6 かつて熊本県で発生した，四大公害病の1つは何か。

6　水俣病

□ 7 6 が発生した都市は，その後住民が環境に配慮するさまざまな取り組みを行ったことで，国からどのような都市に選定されたか。

7　環境モデル都市

得点
アップ
UP

◉九州の農業
▶北部→稲作地帯。山がちな地域では棚田で稲作が行われている。
▶南部→シラス台地は水持ちが悪いため，畑作，畜産が中心。

16 中国・四国地方

入試重要度 ☆☆☆

問題 次の各問いに答えなさい。

解答

◉自然と気候

□ 1 中国・四国地方の気候
のちがいを示した右の
図中の a，b の山地の
名前をそれぞれ答えよ。

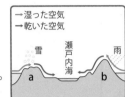

→ 湿った空気
→ 乾いた空気

雪　瀬戸内海　雨

a　　　　b

1　a 中国山地
　　b 四国山地

□ 2* 上の図中で━━で示さ
れている，冬に日本海側に雪を多く降らせ，夏
に太平洋側に雨を多く降らせる風を何というか。

2　季節風
解説 2つの山地にはさま
れた瀬戸内地方は年間を通
して降水量が少ない。

◉都市と工業

□ 3 右の地図中の ◯ の地
域に広がる，重化学工業
を中心とした工業地域を
何というか。

3　瀬戸内工業地域
解説 瀬戸内海は，海上交
通の便がよく，埋め立てが
しやすく広大な工業用地が
整備できたため，重化学工
業が発展した。

□ 4* 地図中の▲にある，石油
関連の工場をパイプラインでつないで原料・製
品などの移送を可能にすることで生産性を上げ
る工場の集合体を何というか。

4　石油化学コンビ
　　ナート

□ 5 地図中の●の都市には，世界で初めて原子爆弾（ばくだん）
が投下された。戦後は平和記念都市として世界
に平和を訴えている。この都市はどこか。

5　広島市
解説 1945年8月6日に
原子爆弾が投下された。

□ 6 5 の都市のような，地方の政治，経済，文化
の中心都市を何というか。

6　地方中枢（ちゅうすう）都市

得点アップ

◉中国・四国地方の人口分布

▶瀬戸内海沿岸に人口集中→広島市などは過密問題を抱える。

▶山間部，離島→過疎化が進む。町おこし・村おこしで活性化をめざす。

17 近畿地方

入試重要度
☆☆☆

問題 次の各問いに答えなさい。

解答

◉自　然

□ 1* 右の**地図1**中の ◯
で見られる，複雑に入
り組んだ海岸線の地形
を何というか。

地図1

a

□ 2* **地図1**中の a は，日本
最大面積の湖である。
この湖を何というか。

1　リアス海岸

2　琵琶湖

◉産　業

□ 3 大阪市を中心とする，神戸市・京都市など通勤・
通学によって結びついている地域を何というか。

□ 4* 右の**地図2**は，近畿地方
の人口分布を示したもの
である。■で示された，
人口が集中する地域と重
なるように広がる工業地
帯を何というか。

地図2

a

□ 5* **地図2**中の a の人工島に建設された，日本で初
めて24時間離着陸が可能となった海上空港の
名称を何というか。

□ 6 大阪の梅田駅や難波駅など，都心と郊外や，近県
を結ぶ起点・終着点となっている駅を何というか。

3　大阪大都市圏
解説 東京大都市圏，名古
屋大都市圏とあわせて三大
都市圏とよぶ。

4　阪神工業地帯
解説 姫路から堺にかけて
広がる三大工業地帯の1つ。

5　関西国際空港

6　ターミナル駅

得点
アップ
ＵＰ

◉大阪と京都

▶大阪→江戸時代に流通の拠点だったため「天下の台所」とよばれた。

▶京都→かつては平安京が置かれた。古都京都の文化財が世界遺産に登録されている。

18 中部地方

入試重要度 ☆☆☆

問題 次の各問いに答えなさい。

解答

社会

理科

数学

英語

国語

◉地域と農業

□ 1 中部地方を地図1中のa～cの3つの地域に分けたとき，それぞれ何とよぶか。

地図1

□ 2★ 地図1中の▨▨の地域で夏でも涼しい気候を生かして栽培されている，レタスやキャベツなどの野菜を何というか。

□ 3★ 地図1中の▥の地域で行われている，ビニールハウスや温室などを利用して花や野菜の促成栽培をする農業を何というか。

1 a 北陸(地方)
　 b 中央高地
　 c 東海(地方)

2 高原野菜
解説 野菜の生長を遅くする抑制栽培で出荷時期をずらすことで，高い利益をあげている。

3 施設園芸農業
解説 渥美半島，知多半島などで施設園芸農業が行われている。

◉工業と経済

□ 4★ 右の地図2中の▰で示された，生産額日本最大の工業地帯を何というか。

地図2

□ 5★ 4 の生産額の多くを占める，豊田市などで生産が盛んな工業製品は何か。

□ 6 地図2中の▤の日本海に面した地域は，資金や原材料などにおいて，地域に密接した産業が盛んに行われている。このような産業を何というか。

4 中京工業地帯

5 自動車

6 地場産業

得点アップUP

◎3つの地域に分かれる中部地方
▶北陸地方→冬に雪が多い。日本を代表する水田地帯。▶中央高地→高冷地で高原野菜の栽培が盛ん。▶東海地方→茶，みかんの栽培。東海工業地域。

19 関東地方

入試重要度
☆☆☆

問題 次の各問いに答えなさい。

解答

◉自然と農業

□ 1* 関東平野をおおっている，火山灰が堆積した赤土を何というか。

1 関東ローム

□ 2* 大都市に近い立地を生かして埼玉，千葉，茨城などで行われている，大消費地向けに野菜などを出荷する農業を何というか。

2 近郊農業

□ 3 群馬県などの山間部では，高速道路を利用してトラックで大都市へ高原野菜などを出荷している。このような農業を何というか。

3 輸送園芸農業
解説 保冷車の普及などで市街地から離れた地域でも大都市向けの野菜の栽培が行われるようになった。

◉工業と人口

□ 4 右の地図中の横浜市や川崎市のような，人口50万人以上で政府による指定を受けた都市を何というか。

東京
a
b
川崎市
横浜市

4 政令指定都市

□ 5* 日本の中枢機能が集中する地図中の東京では，夜間の人口と昼間の人口では，どちらが多いか。

5 昼間の人口
解説 郊外の都市は，東京へ通勤・通学する人が多いため，昼間の人口が少なくなる。

□ 6* 地図中に示された，おもに臨海部に発達した a，b の工業地帯・地域名を答えよ。

6 a 京浜工業地帯
b 京葉工業地域

得点
アップ
UP

◎日本の中心としての関東地方
▶東京にさまざまな機能が集中→政治の中枢機能，企業の本社が多数ある。
▶外国との結びつき→成田国際空港は国内最大の貿易港。

20 東北地方，北海道地方

入試重要度
☆☆☆

問題 次の各問いに答えなさい。

解答

社会　理科　数学　英語　国語

◉東北地方の自然と産業

□ 1* 右の地図1中の➡で示された，東北地方の太平洋側で夏にふく，冷たく湿った風を何というか。

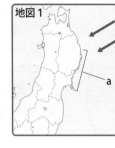
地図1
a

□ 2 沖合に黒潮と親潮のぶつかる潮境（しおざかい）があり，好漁場となっている，地図1中のaの海岸を何というか。

□ 3* 全国の米の生産量の3割近くを生産している東北地方は，日本の何とよばれているか。

□ 4 東北地方の地方中枢（ちゅうすう）都市はどこか。

1 やませ
解説 寒流の影響をうけた北東の風。やませが続くと，冷害が発生する。

2 三陸海岸
解説 複雑で入り組んだリアス海岸となっている。

3 穀倉地帯

4 仙台（せんだい）市

◉北海道の自然と産業

□ 5 北海道の太平洋側で，夏にふく季節風が親潮の影響で冷やされることで発生するものは何か。

□ 6 右の地図2中のa，bの地域で盛（さか）んな，乳牛を飼育し，生乳やチーズなどの乳製品を生産する農業を何というか。

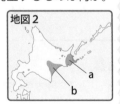
地図2
a
b

□ 7 北海道に昔から住んでいた先住民族を何というか。

5 濃霧（のうむ）

6 酪農（らくのう）
解説 aは根釧（こんせん）台地，bは十勝（とかち）平野。十勝平野では畑作とあわせた混合農業が行われている。

7 アイヌ民族（アイヌの人々）

得点アップ

◉守りたい伝統と自然
▶東北地方→津軽塗（青森），南部鉄器（岩手）など多くの伝統的工芸品。
▶北海道地方→知床（しれとこ）が世界自然遺産に登録される。

23

特集 **1** 　**図表でチェック（地理）**

問題 地図やグラフを見て，[ ]にあてはまる語句や数値を答えなさい。

❶ 地球のすがた

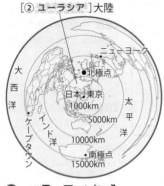

[② ユーラシア]大陸

ニューヨーク
北極点
日本・東京
1000km
5000km
10000km
15000km
南極点
大西洋
インド洋
ケープタウン
太平洋

□ 1 左の地図は，中心からの距離と[①方位]を正しく表している。

□ 2 左の地図は，面積を正しく表していないので，世界最大の[②ユーラシア]大陸は，小さく表されている。

□ 3 東京から見て，ニューヨークは[③北東]の方角にある。

□ 4 東京とケープタウンは，約[④15000]km 離れている。

❷ 世界の国々と気候

[⑥ フランス]　　　　　[⑦ アメリカ合衆国]

東京　　大西洋
インド洋　　太平洋

□ 1 左の地図中の■の気候は，1年を通して気温が高い[⑤熱帯]である。

□ 2 [⑥フランス]はEU（ヨーロッパ連合）の加盟国，[⑦アメリカ合衆国]は農・工業で世界を代表する国である。

❸ 日本の地域構成と自然

[⑪ 北陸]
[⑧ 択捉島]
[⑨ 奥羽 山脈]
[⑩ 利根 川]

□ 1 日本の北端にある[⑧択捉島]は，現在，ロシアに占拠されている。

□ 2 東北地方の中央には[⑨奥羽]山脈が走り，関東地方には流域面積が日本最大の[⑩利根]川が流れる。

□ 3 中部地方は，東海・[⑪北陸]・中央高地の3つに分けることができる。

❹ 世界から見た日本の人口

人口が多い国（2020年）

国名	人口 (万人)	面積 (万km²)	人口密度 (人/km²)
[⑫ 中国]	143932	960	150
インド	138000	329	420
アメリカ合衆国	33100	983	34
インドネシア	27352	191	143
パキスタン	22089	80	277
⋮	⋮	⋮	⋮
日 本	12648	38	[⑬ 339]

※面積は2019年。
（2021/22年版「日本国勢図会」）

日本の人口ピラミッド（2019年）

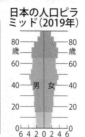

（総務省資料ほか）

□ 1 世界で最も人口が多い国は，[⑫中国]である。

□ 2 日本の人口密度は，[⑬339]人/km²である。

□ 3 日本では近年，高齢者の割合が高くなって子どもの数が減る[⑭少子高齢]化が急速に進んでいる。

❺ 日本の産業

東京

瀬戸内海

[⑰ 太平洋ベルト]

□ 1 日本では，東京など都市部を中心に，商業・サービス業など第[⑮三]次産業につく人が増えている。

□ 2 瀬戸内海では，かきやまだいを人工的ないけすなどで育てて出荷する[⑯養殖]業が盛んである。

□ 3 関東地方から九州地方北部にかけて広がる[⑰太平洋ベルト]には，臨海型の工業地域が形成されている。

❻ 日本と世界の結びつき

日本の貿易品目の割合（2019年）

輸出
化学品11.3
機械類 60.3%
金属品10.9
その他 17.4
[⑱ 自動車]20.3

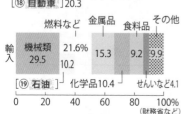

輸入
機械類 29.5
燃料など 21.6%
10.2
金属品 15.3
食料品 9.2
その他 9.9
[⑲ 石油] 化学品10.4 せんいなど4.1

0 20 40 60 80 100%
（財務省など）

□ 1 日本の最大の輸出品は機械類で，特に[⑱自動車]の輸出が盛んである。

□ 2 日本は，火力発電の燃料となる石炭や[⑲石油]などのほとんどを輸入にたよっている。火力発電は，[⑳地球温暖]化の原因となる温室効果ガスを発生させる。

□ 3 日本は食料品の輸入も多く，[㉑食料自給]率は低い。

25

21 文明のおこり，日本の古代国家

問題 次の各問いに答えなさい。

解答

●人類と文明のおこり

□ 1　右の写真のような石器や土器が使われ，農耕，牧畜（ぼくちく）が始められた時代を何というか。

□ 2* 日本で 1 の時代にあたる縄文時代に人々が住んだ，地面をほって柱を立て，屋根をかけた住居を何というか。

●日本のあけぼのと古代国家

□ 3* 3世紀ごろ，中国の魏（ぎ）に使いを送った女王卑弥呼（ひみこ）が治めていた国を何というか。

□ 4　3世紀後半に奈良盆地（ぼんち）を中心とした地域に生まれ，近畿地方の有力豪族（ごうぞく）が王を支えていた強力な勢力を何というか。

□ 5　4世紀以降，朝鮮半島から日本列島に移り住み，鉄製農具や須恵器（すえき），漢字などを伝えた人々を何というか。

□ 6* 6世紀ごろ，4 の中で摂政（せっしょう）として活躍し，右の法を定めた人物はだれか。

十七条（じゅうしちじょう）の憲法（けんぽう）（一部）
一に曰（いわ）く，和（わ）をもって貴（とうと）しとなし，さからう（争う）ことなきを宗（むね）と（第一に）せよ。

□ 7　6 の人物が大陸の進んだ制度や文化を取り入れるため，中国に送った使者を何というか。

1　新石器時代

2　たて穴（あな）住居
解説 弥生時代には，米をたくわえる高床倉庫（たかゆか）もつくられた。

3　邪馬台国（やまたいこく）

4　大和政権（ヤマト王権）（やまと）
解説 大和政権の王や豪族の墓として古墳がつくられたため，この時代を古墳時代とよぶ。

5　渡来人（とらいじん）

6　聖徳太子（しょうとくたいし）（厩戸皇子（うまやどのおうじ））
解説 聖徳太子は，冠位（かんい）十二階の制度も定めた。

7　遣隋使（けんずいし）

得点アップ

●大河と古代文明
▶四大文明→エジプト文明（ナイル川），メソポタミア文明（チグリス川・ユーフラテス川），インダス文明（インダス川），中国文明（黄河（ホワンホー）・長江（チャンチアン））。

22 律令国家への道

入試重要度
☆☆☆

問題 次の各問いに答えなさい。

◉律令国家への歩み

□ 1 645年に中大兄皇子と中臣鎌足らが有力豪族の蘇我氏をたおして始めた，新しい政治のしくみをつくるための改革を何というか。

□ 2★ 1 の改革で示された，土地と人民を国家が直接支配するという方針を何というか。

◉奈良時代

□ 3 701年，唐の法律にならい，国を支配するしくみを細かく定めた法律が完成した。この法律を何というか。

□ 4★ 3 に基づいてつくられた戸籍に登録された，6歳以上のすべての人に口分田を与え，その人が死んだら国に返させる制度を何というか。

□ 5★ 4 で与える口分田が不足したため，743年に朝廷が出した，新しく開墾した土地の私有を認めた法を何というか。

□ 6 710年に奈良につくられた右の図の都を何というか。

□ 7★ 東大寺に大仏を，全国に国分寺，国分尼寺をつくらせた天皇はだれか。

解答

1 大化の改新

2 公地・公民

3 大宝律令
解説 律は刑罰，令は政治を行ううえでの細かいきまりごと。

4 班田収授法

5 墾田永年私財法
解説 貴族や寺院の私有地が増え，のちに荘園となる。

6 平城京
解説 唐の長安にならってつくられた。

7 聖武天皇

（図）
平城宮
大極殿
正倉院
朱雀大路
右京　左京　外京
東大寺

社会
理科
数学
英語
国語

得点
アップ
UP

◉律令制下の税制
▶租・調・庸→租（口分田の面積に応じた稲），調（土地の特産物など），庸（労役のかわりの布）のほかに兵役の義務。

23 貴族の政治と国風文化

入試重要度
☆ ☆ ☆

問題 次の各問いに答えなさい。

解答

◉貴族による政治

□ 1　794年に桓武天皇が現在の京都市に置いた都を
何というか。

1　平安京

□ 2　8世紀後半に，蝦夷征服のために征夷大将軍に
任じられた人物はだれか。

2　坂上田村麻呂

□ 3*　娘を天皇に嫁がせ，その子を天皇にたてること
で力をつけた藤原氏が実権をにぎって行った政
治を何というか。

3　摂関政治

解説 天皇が幼いときは摂政，成人してからは関白という職についた。

□ 4　藤原氏が最も栄えた時期に，
右の歌をよんだ人物はだれ
か。

> この世をば
> わが世とぞ思ふ
> 望月の
> 欠けたることも
> 無しと思へば

4　藤原道長

◉国風文化

□ 5　社会が乱れる中でおこった，念仏を唱えて阿弥
陀仏にすがれば，死後に極楽浄土へ生まれ変わ
ることができるという考えを何というか。

5　浄土信仰

□ 6*　5 の考えを取り入れた，①藤原頼通や，②奥
州藤原氏によって建てられた，それぞれの阿弥
陀堂を何というか。

6　①平等院鳳凰堂
②中尊寺金色堂

□ 7*　宮廷生活を表した『源氏物語』を書いた人物はだ
れか。

7　紫式部

□ 8　紀貫之が書いた，仮名文字を使った最初の日記
文学を何というか。

8　土佐日記

得点
アップ
UP

◉平安時代の政治と文化

▶政治→貴族中心の摂関政治によって藤原氏が台頭。

▶文化→仮名文字による文学作品…紫式部『源氏物語』，清少納言『枕草子』

24 武士の成長と鎌倉幕府

入試重要度
☆☆☆

問題 次の各問いに答えなさい。

解答

社会

理科

数学

英語

国語

◉武士の成長

□ 1 右の図のように，主従関係を結んだ武士たちが集合してつくられたものを何というか。

惣領　家の子　郎党　下人

□ 2 1の中で有力な勢力となった，天皇の子孫の一族を2つ答えよ。

□ 3 天皇が位をゆずって上皇となったのちに，実権をにぎって行った政治を何というか。

◉鎌倉幕府

□ 4 源頼朝が1185年，国ごとに置くことを朝廷に認めさせた，国内の軍事や警察の仕事を行う役職は何か。

□ 5 鎌倉幕府の将軍と，御恩と奉公による主従関係を結んだ武士を何というか。

□ 6 鎌倉幕府の政権の中で，源頼朝の妻の実家である北条氏が独占した地位を何というか。

□ 7 6の地位にあった北条泰時が1232年に定めた，右の資料の法律を何というか。

— 諸国の守護の職務は，頼朝公の時代に定められたように，京都の御所の警備と，謀反や殺人などの犯罪人の取りしまりに限る。

1 武士団

2 源氏，平氏

3 院政

4 守護
解説 荘園・公領には地頭を置いた。

5 御家人

6 執権
解説 北条氏が実権をにぎって行った政治を執権政治という。

7 御成敗式目（貞永式目）
解説 武家社会の慣習や道理をもとにつくられた，武家の最初の法。その後の武士の法律の手本となる。

得点アップ ◉平清盛の日宋貿易
▶平清盛は瀬戸内海の航路を整え，兵庫（神戸）の港（大輪田泊）を整備して宋と貿易を行い，宋銭を輸入するなどして大きな利益を上げた。

25 鎌倉幕府の滅亡

入試重要度
☆ ☆ ☆

問題 次の各問いに答えなさい。

解答

◉鎌倉幕府の滅亡

□ 1　右の絵にえがかれている，1274年，1281年の2度にわたって元が日本に攻めてきたできごとを何というか。

1　元寇

解説 1274年文永の役，1281年弘安の役。暴風雨や御家人の活躍で元の軍をしりぞけた。

□ 2* 1 ののち，権威の下がった幕府を倒そうとした天皇はだれか。

2　後醍醐天皇

◉南北朝の動乱

□ 3* 右の資料のような批判をうけた，鎌倉幕府を倒したのちに 2 の人物が始めた天皇中心の政治を何というか。

二条河原落書（部分要約）
此比都ニハヤル物
夜討強盗謀綸旨
召人早馬虚騒動

3　建武の新政

解説 後醍醐天皇は，公家を重視し，武家政治を否定したため，武士の不満が高まった。

□ 4　3 の政治に不満をもった武士を中心に足利尊氏が兵をあげたことで，奈良と京都に2つの朝廷が生まれ，対立した時代を何というか。

4　南北朝時代

解説 後醍醐天皇の南朝（奈良）と尊氏方の天皇の北朝（京都）が対立した。

□ 5　足利尊氏が1338年に開いた武家政権を何というか。

5　室町幕府

□ 6　5 の中で，将軍の補佐役として設置された役職は何か。

6　管領

得点アップ

◉鎌倉幕府のおとろえ
▶元寇後→十分な恩賞をもらえなかった御家人の不満。徳政令は効果なし。
▶後醍醐天皇→有力御家人の足利尊氏や新田義貞らとともに幕府を倒す。

26 室町時代の政治と文化

入試重要度 ☆☆☆

問題 次の各問いに答えなさい。

解答

◉室町幕府

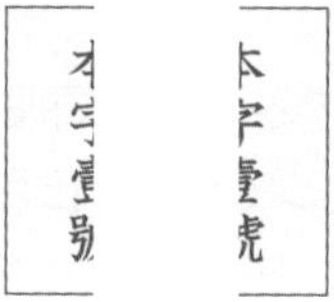

□ 1 足利義満が中国との間で始めた, 右の図のような証明書を用いて行われた貿易を何というか。

（縦書き図：本字壹号／日字壹号）

1 日明貿易(勘合貿易)

解説 倭寇と貿易船を区別するため, 勘合という証明書を用いた。

□ 2 室町時代の農村で有力農民がつくった自治組織を何というか。

2 惣

□ 3 1467年に将軍のあとつぎ問題と有力な守護大名の対立によっておこり, その後11年にわたって続いた戦乱を何というか。

3 応仁の乱

□ 4 3 の戦乱の後に登場した, 実力で実権をうばうなどして領国を支配した大名を何というか。

4 戦国大名

□ 5 4 が領国を支配するためにつくった, 武士や民衆を統制する独自の法を何というか。

5 分国法

◉室町時代の文化

□ 6 公家文化と武家文化が融け合い, 中国や禅宗の影響を強く受けた, 金閣に代表される文化を何というか。

6 北山文化

□ 7 足利義満の保護を受け, 猿楽・田楽をもとに能を大成させた親子はだれか。

7 観阿弥, 世阿弥

□ 8 東山文化を代表する銀閣を建てた, 室町幕府8代将軍はだれか。

8 足利義政

□ 9 現代の和風建築のもととなる, 畳をしき床の間を設けた建築様式を何というか。

9 書院造

得点アップUP

◉農民の抵抗
▶土一揆→農民が団結し, 土倉や酒屋をおそって借金帳消しなどを求めた。
→1428年　正長の土一揆

27 ヨーロッパ人の海外進出と全国統一

入試重要度 ☆☆☆

問題 次の各問いに答えなさい。

解答

●ヨーロッパ人の海外進出

□ 1* 1543年に種子島（たねがしま）に漂着した中国船に乗っていたポルトガル人によって日本に伝えられたものは何か。

□ 2* 1549年に鹿児島にやってきて日本にキリスト教を伝えた，イエズス会の宣教師はだれか。

□ 3* 右の絵にえがかれているポルトガル人やスペイン人との間で行われた貿易を何というか。

1　鉄砲（てっぽう）

2　フランシスコ＝ザ
ビエル

3　南蛮貿易（なんばん）
解説 輸入品は中国産の生糸や絹織物とヨーロッパの毛織物，時計など。輸出品はおもに銀であった。

●信長・秀吉による全国統一

□ 4* 室町幕府を滅ぼした織田信長（おだのぶなが）が商工業の発展のために安土城下で行った，座を廃止して自由に商売ができるようにした政策を何というか。

□ 5　織田・徳川連合軍が1575年に鉄砲隊を組織し，武田勝頼（たけだかつより）の軍を破った戦いを何というか。

□ 6* 豊臣秀吉（とよとみひでよし）が行った，右の絵のように全国の田畑の面積や収穫量を，統一したものさしで調査した政策を何というか。

□ 7　豊臣秀吉に仕え，茶の湯を大成させた人物はだれか。

4　楽市・楽座（らくいち・らくざ）

5　長篠の戦い（ながしの）

6　太閤検地（たいこう）
解説 太閤検地と刀狩（かたながり）によって，農民と武士との区別がはっきりし，兵農分離（へいのうぶんり）が進んだ。

7　千利休（せんのりきゅう）

得点アップUP

⊙1543年，種子島についたポルトガル人が鉄砲を伝える。
ゴロ暗記
鉄砲を　ポルトガル人　つたえたね（種子島）

28 江戸幕府の成立と展開

入試重要度
☆☆☆

問題 次の各問いに答えなさい。

解答

◉江戸幕府の成立

□ 1 豊臣秀吉の死後，勢力をのばした徳川家康が，豊臣政権を守ろうとした大名らをたおした1600年の戦いを何というか。

1 関ヶ原の戦い

□ 2★ 江戸幕府において，大名が支配した領地とそれを支配する組織を何というか。

2 藩

□ 3★ 江戸幕府が大名統制のために定めた，右の資料の法令を何というか。

3 武家諸法度
解説 3代将軍家光が出した武家諸法度では，参勤交代が制度として定められた。

□ 4★ 江戸時代，全人口の約85%を占めていた身分は何か。

― 諸国の城は，修理する場合であっても，必ず幕府に申し出ること。まして新しい城をつくることは厳しく禁止する。
(部分要約)

4 百姓

◉鎖国への道

□ 5★ 江戸時代初期に幕府の許可を得て西日本の大名らがさかんに行った，東南アジアとの貿易を何というか。

5 朱印船貿易

□ 6★ 幕府のキリスト教に対する警戒心を強めた，1637年に九州でおきた農民一揆を何というか。

6 島原・天草一揆
解説 この一揆ののち，幕府は禁教を徹底させ，ポルトガル船の来航を禁止するなどして鎖国の体制をとった。

□ 7★ 幕府が鎖国体制をとっていたころ，中国船とオランダ船のみに貿易を許していた右の絵の場所を何というか。

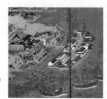

7 出島

得点
アップ
UP

◉鎖国中の対外関係
▶朝鮮→対馬藩を介して将軍の代がわりごとに朝鮮通信使が訪れた。
▶琉球王国→将軍・琉球国王の代がわりごとに琉球使節が訪れた。

社会

理科

数学

英語

国語

29 産業の発達と幕府政治の改革

入試重要度 ☆☆☆

問題 次の各問いに答えなさい。

解答

●産業の発達

□ 1* 江戸時代，幕府の許可を得て営業を独占していた商工業者の同業者組合を何というか。

1 株仲間

□ 2* 右の絵のように，工場の中で人を雇って分業で製品をつくることを何というか。

2 工場制手工業（マニュファクチュア）

●江戸幕府の改革と動揺

□ 3* 質素・倹約につとめさせ，財政の立て直しをはかるなどの享保の改革を行った将軍はだれか。

3 徳川吉宗
解説 裁判の基準となる法令をまとめた公事方御定書をつくった。

□ 4* 18世紀後半にわいろ政治を横行させた田沼意次に代わって老中となり寛政の改革を行ったが，厳しすぎる統制で右の資料の歌のように人々の反感を買った人物はだれか。

白河の
清きに魚の
すみかねて
もとのにごりの
田沼こひしき

4 松平定信
解説 朱子学以外の学問を禁じ，出版統制なども行ったため，人々の反感を買った。

□ 5* あいつぐ外国船の接近に対し，1825年に幕府が出した，外国船撃退の法令を何というか。

5 異国船打払令

□ 6* 天保のききんによって困窮する人々を助けるため，弟子とともに大商人をおそった，もと大阪町奉行所の役人はだれか。

6 大塩平八郎

□ 7* 6 がおこした乱ののち，幕府の力を回復させるために，天保の改革を行った人物はだれか。

7 水野忠邦

得点
アップ
UP

●江戸時代の文化
▶前期：元禄文化→浮世絵（菱川師宣），人形浄瑠璃（近松門左衛門）など
▶後期：化政文化→風景画（葛飾北斎ら），俳句（与謝蕪村ら）など

歴史

30 欧米の発展とアジア侵略

入試重要度
☆ ☆ ☆

問題 次の各問いに答えなさい。

解答

社会

理科

数学

英語

国語

◉欧米諸国の発展

□ 1　1688〜89年にイギリスでおこった，国王を交代させ，議会を尊重する「権利章典」を制定させた革命を何というか。

1　名誉革命

□ 2*　1776年に発表された，右の資料を何というか。

□ 3*　1789年，フランス革命中に発表された，自由，平等，人民主権などをうたった宣言を何というか。

> われわれは以下のことを真理であると信じる。すべての人は平等につくられ，神によって，生まれながらの権利をあたえられていること。その中には，生命，自由，幸福の追求がふくまれていること。…　（部分要約）

2　（アメリカ）独立宣言

3　人権宣言

□ 4*　18世紀のイギリスで始まった，道具から機械へと生産方法が変化したことによる経済の仕組みの変化を何というか。

4　産業革命
解説 19世紀，イギリスは「世界の工場」とよばれるほどに産業が発達した。

◉ヨーロッパ諸国のアジア侵略

□ 5*　麻薬の貿易をめぐり1840年にイギリスと清との間でおこった戦争を何というか。

□ 6*　5 の戦争に敗北した清が，イギリスと結んだ条約を何というか。

□ 7　イギリスに事実上の支配を受けていたインドで，1857年におこったインド兵を中心とした民族的抵抗運動を何というか。

5　アヘン戦争
解説 清敗北の知らせは，江戸幕府の警戒を強め，幕府の対外政策を転換させるきっかけとなった。

6　南京条約

7　インド大反乱

得点アップ

◉アヘン戦争

ゴロ暗記

アヘン（アヘン戦争）の癒しを（1840年）　英に求める　国心配（清，敗れる）

31 日本の開国と明治維新

入試重要度
☆ ☆ ☆

問題 次の各問いに答えなさい。

解答

●開国と江戸幕府の滅亡

□ 1* 1858年に大老井伊直弼が朝廷の許可を得ずにアメリカと結んだ，自由な貿易を認める不平等な条約を何というか。

□ 2* 1 の条約が結ばれたのちに高まった，幕府に反発する勢力による，天皇を尊び，外国勢力を排除しようとする動きを何というか。

□ 3* 1867年，15代将軍徳川慶喜が政権を朝廷に返したことを何というか。

□ 4 1868年の鳥羽・伏見の戦いをきっかけに旧幕府軍と新政府軍との間で始まった戦争を何というか。

●明治政府の成立と政策

□ 5* 新政府が新しい政治の方針として定めた右の資料の宣言を何というか。

― 広ク会議ヲ興シ，万機公論ニ決スヘシ。
― 上下心ヲ一ニシテ盛ニ経綸ヲ行フヘシ。

□ 6* 明治政府が，財政安定をはかるために右の写真のような書類を発行して行った，土地と税の改革を何というか。

□ 7* 明治政府内で主張された，朝鮮を武力で開国させようという考えを何というか。

1　日米修好通商条約
解説 関税自主権なし，領事裁判権を認めるという不平等条約であった。

2　尊王攘夷運動

3　大政奉還
解説 これに対して，尊王攘夷派は王政復古の大号令を発し，天皇中心の政治にもどすことを宣言した。

4　戊辰戦争

5　五箇条の御誓文

6　地租改正
解説 地価の3％の税を土地所有者が現金で納めることが定められた。

7　征韓論

得点
アップ
UP

●富国強兵と殖産興業
▶富国強兵策→学制，徴兵令，地租改正。
▶殖産興業→「富国」の実現のために行われた。鉄道開通，官営模範工場。

32 自由民権運動と立憲国家の成立

入試重要度 ☆☆☆

問題 次の各問いに答えなさい。

解答

社会

理科

数学

英語

国語

◎自由民権運動と国会開設

□ 1★ 征韓論をめぐって政府を去った板垣退助らが，1874年に議会開設を求めて提出したものは何か。

□ 2★ 板垣退助と同じく征韓論をめぐって政府を去った西郷隆盛を中心に，明治政府の改革に不満をもつ士族らが鹿児島でおこした反乱を何というか。

□ 3★ 2 ののち，明治政府批判の中心となった，国民の政治参加を求める言論運動を何というか。

□ 4★ 3 の高まりに，明治政府は国会開設を約束し，憲法制定に着手した。憲法草案を作成し，のちに初代内閣総理大臣となった人物はだれか。

1 民撰議院設立(の)建白書

2 西南戦争

3 自由民権運動

4 伊藤博文

◎立憲国家の成立と条約改正

□ 5 1889年に発布された右の憲法を何というか。

□ 6★ 1890年に行われた初の衆議院議員選挙で，選挙権を与えられたのは，直接国税を何円以上納めていた満25歳以上の男子であったか。

第1条	大日本帝国ハ万世一系ノ天皇之ヲ統治ス
第3条	天皇ハ神聖ニシテ侵スベカラズ
第11条	天皇ハ陸海軍ヲ統帥ス
第29条	日本臣民ハ法律ノ範囲内ニ於テ言論著作印行集会及結社ノ自由ヲ有ス

□ 7★ 5 の制定により日本が立憲国家となったことから交渉が進み，外相陸奥宗光によってイギリスとの間で実現した条約改正の内容は何か。

5 大日本帝国憲法

6 15円
解説 最初の衆議院議員選挙の有権者は総人口の約1.1％にすぎなかった。

7 領事裁判権の撤廃
解説 関税自主権は1911年に完全回復した。

得点アップ ◎国会開設と政党の成立
▶1881年，政府が国会開設の勅諭（10年後の国会開設の約束）を出す。
▶国会開設に備えた政党の結成→自由党（板垣退助），立憲改進党（大隈重信）。

33 日清・日露戦争と東アジアの動き

入試重要度 ☆☆☆

問題 次の各問いに答えなさい。

解答

●日清戦争

□ 1* 1894年におこった、東学を信仰する農民らによる朝鮮の内乱を何というか。

□ 2* 日清戦争の講和条約を何というか。

□ 3* 2 の条約で日本が獲得した右の地図中の▨の地域を、ロシア、ドイツ、フランスが中国に返還するよう求めてきたことを何というか。

□ 4* 2 の条約で得た賠償金で北九州に建てられた官営工場を何というか。

1 甲午農民戦争

2 下関条約

3 三国干渉
解説 地図中の▨は遼東半島である。返還後、ロシアが遼東半島の旅順、大連を租借地としたことから、日本の反ロシア感情が高まった。

4 八幡製鉄所
解説 1901年に操業を開始した。日本の重化学工業の基礎となる。

●日露戦争と中国の革命

□ 5* 中国進出を進めるロシアに対抗して、日本とイギリスが1902年に結んだ同盟は何か。

□ 6 右の詩は、日露戦争についてだれがよんだものか。

> 君死にたまふことなかれ
> （部分）
> あゝをとうとよ君を泣く
> 君死にたまふことなかれ

□ 7* 1905年にアメリカの仲介で結ばれた、日露戦争の講和条約を何というか。

□ 8* アジアで最初の共和国である中華民国が建国された前年に中国でおき、清朝がたおされた革命を何というか。

5 日英同盟

6 与謝野晶子
解説 日露戦争に出兵した弟を思ってよんだ詩である。

7 ポーツマス条約

8 辛亥革命
解説 三民主義を唱えた孫文が、1912年に中華民国を建国した。

得点アップ

●朝鮮の植民地化
▶朝鮮→日露戦争後、日本が韓国を保護国化して、韓国統監府が置かれる。1910年に韓国併合で植民地支配、朝鮮総督府が置かれる。

34 第一次世界大戦と大正デモクラシー

入試重要度 ☆☆☆

問題 次の各問いに答えなさい。

解答

社会　理科　数学　英語　国語

●第一次世界大戦

□ 1* 第一次世界大戦のきっか
けとなった，オーストリ
ア皇太子夫妻が暗殺され
たサラエボが位置してい
る，右の地図中の■■の
半島を何というか。

サラエボ

1　バルカン半島
解説 バルカン半島では，民族，宗教間の紛争が絶えず，「ヨーロッパの火薬庫」とよばれていた。

□ 2* 第一次世界大戦中の1917年におきた世界初の
社会主義革命を何というか。

2　ロシア革命
解説 レーニンが指導した。

□ 3* 第一次世界大戦がおきているとき，中国のドイ
ツ権益をねらった日本が中国に強引に認めさせ
たものは何か。

3　二十一か条の要求

□ 4* 第一次世界大戦の講和条約を何というか。

4　ベルサイユ条約

●護憲運動と成果

□ 5 吉野作造が主張した，普通選挙によって政治に
国民の意思を反映させる考えを何というか。

5　民本主義

□ 6* 1918年に本格的な政党内閣を成立させ，人々
から「平民宰相」とよばれた内閣総理大臣はだれ
か。

6　原敬

□ 7* 1925年に普通選挙法とともに制定された，共
産主義などを取りしまるための法律を何という
か。

7　治安維持法
解説 普通選挙の実施と，ソ連との国交成立による社会主義運動の高まりを抑えるために制定された。

得点
アップ
UP

●大正デモクラシー
▶女性解放運動→平塚らいてう・市川房枝らが新婦人教会を設立。
▶部落解放運動→1922年，京都で全国水平社が結成。

35 世界恐慌と日本の中国侵略

入試重要度
☆☆☆

問題 次の各問いに答えなさい。

解答

●世界恐慌

□ 1* 世界恐慌への対応としてアメリカが1933年に始めた，政府の積極的な経済政策を何というか。

1　ニューディール（新規まき直し）

□ 2　1 が行われたときの，アメリカ大統領はだれか。

2　フランクリン・ローズベルト

□ 3* 世界恐慌に対し，イギリスやフランスは外国との貿易を制限し，植民地との貿易を拡大する経済政策を実施した。この経済対策を何というか。

3　ブロック経済

●日中戦争

□ 4* 1931年に関東軍が奉天郊外で南満州鉄道を爆破し，これを中国の仕業として軍事的に満州を支配した。この事件を何というか。

4　満州事変

□ 5　4 の翌年，関東軍は右の資料の▧▧の地域を占領し，日本が実質的に支配したこの国家を何というか。

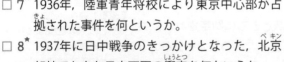

朝鮮

台湾

5　満州国
解説 清朝最後の皇帝である溥儀を元首とした国家を建国した。

□ 6* 1932年，海軍青年将校らが犬養毅首相を暗殺した事件を何というか。

6　五・一五事件

□ 7* 1936年，陸軍青年将校により東京中心部が占拠された事件を何というか。

7　二・二六事件

□ 8* 1937年に日中戦争のきっかけとなった，北京郊外でおきた日中両軍の衝突を何というか。

8　盧溝橋事件

得点
アップ
UP

⊙日本の国際的な孤立
▶国際連盟のリットン調査団が，満州事変を日本の侵略行為と断定。
　→国際連盟は日本軍の満州撤退を勧告。1933年に日本は国際連盟を脱退。

36 第二次世界大戦と日本

入試重要度
☆☆☆

問題 次の各問いに答えなさい。

解答

社会 理科 数学 英語 国語

◎第二次世界大戦

□ 1 1939年にドイツがポーランドに侵攻したことで始まった戦争を何というか。

1 第二次世界大戦

□ 2 ポーランドへの侵攻を行ったドイツの指導者はだれか。

2 ヒトラー

□ 3* 日中戦争中, 日本が資源獲得のため東南アジアへ進出するにあたり, 1940年にドイツ, イタリアと結んだ右の図中の──の同盟を何というか。

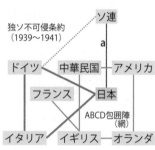

独ソ不可侵条約
(1939～1941)

ソ連

a

ドイツ　中華民国─アメリカ
　　フランス　　日本
　　　　　　　　ABCD包囲陣
　　　　　　　　（網）
イタリア　イギリス─オランダ

3 日独伊三国同盟
解説 日中戦争が長期化する中で, 日本は第二次世界大戦でドイツと戦って劣勢となっている英仏の植民地である東南アジアへの進出をはかった。ドイツと手を結ぶことで, 日中戦争を有利にするねらいがあった。

□ 4* 東南アジア進出にあたり, 北方の安全を確保するため, 1941年に日本がソ連と結んだ上の図中の a の条約を何というか。

4 日ソ中立条約

□ 5 1941年の日本軍の真珠湾攻撃によって始まった戦争を何というか。

5 太平洋戦争

□ 6* 1945年に連合国側が日本に対して発表した, 無条件降伏を求めた宣言を何というか。

6 ポツダム宣言

□ 7 6 の発表後, 1945年8月に原子爆弾を投下された都市はどこか。2つ答えよ。

7 広島, 長崎

得点
アップ
UP

◎ポツダム宣言
ゴロ暗記
行く仕事(1945年) ポツポツ(ポツダム宣言)降り出す 雨(アメリカ)注(中国)意(イギリス)

37 日本の民主化と世界の動き

入試重要度
☆☆☆

問題 次の各問いに答えなさい。

解答

●日本の民主化政策

□ 1* 敗戦後，連合国軍によって占領された日本で戦後改革を実施した連合国軍最高司令官総司令部（GHQ）の最高司令官はだれか。

1　マッカーサー

□ 2* 日本の戦後改革をすすめる GHQ の指導で改正された，右の資料の憲法の基本原理を3つすべて答えよ。

> 第1条　天皇は，日本国の象徴であり日本国民統合の象徴であって，この地位は，主権の存する日本国民の総意に基く。
> 第9条（一部）①日本国民は，正義と秩序を基調とする国際平和を誠実に希求し，国権の発動たる戦争と，武力による威嚇又は武力の行使は，国際紛争を解決する手段としては，永久にこれを放棄する。

2　国民主権，基本的人権の尊重，平和主義

□ 3* GHQ のもとで改正された新選挙法で選挙権を与えられたのは，どのような人か。

3　満20歳以上の男女

●戦後の世界

□ 4 1945年に発足した世界平和の維持や経済，社会に関する協力を目的とした国際機関を何というか。

4　国際連合（国連）
解説 国際平和を守るため，強い権限をもつ安全保障理事会が設けられている。

□ 5* アメリカを中心とした西側の資本主義陣営とソ連を中心とした東側の共産主義陣営の間で続いた緊張関係を何というか。

5　冷たい戦争（冷戦）

□ 6 1949年に中国に誕生した毛沢東を主席とする共産主義国家を何というか。

6　中華人民共和国（中国）

□ 7* 南北に独立国家が成立した朝鮮で，1950年におこり現在も休戦状態である戦争を何というか。

7　朝鮮戦争
解説 朝鮮民主主義人民共和国と大韓民国が衝突した。

得点アップUP

◎GHQによる日本の民主化政策
▶政治の民主化→参政権拡大，治安維持法廃止　▶教育の民主化→教育基本法制定　▶経済の民主化→財閥解体・農地改革・労働組合法制定

38 日本の発展と国際社会

入試重要度
☆☆☆

問題 次の各問いに答えなさい。

解答

◉日本の独立回復と経済成長

□ 1* 右の写真があらわし
ている,1951年に日
本が連合国側48か国
と結び,日本が独立
を回復した講和条約
を何というか。

□ 2* 1 の条約と同時に日本とアメリカとの間で結
ばれた,独立回復後もアメリカ軍基地の日本へ
の駐留を認める条約を何というか。

□ 3 日本で1955年ごろから1973年まで見られた,
経済の急速な発展を何というか。

□ 4* 3 の経済発展が終わるきっかけとなった,
1973年の世界経済の混乱を何というか。

◉国際社会の変化

□ 5 冷戦によって緊張が続く国際社会で,東西どち
らの陣営にも属さない国々が平和共存を訴えて
1955年に開いた会議を何というか。

□ 6* 1956年に調印され,日本とソ連の国交を回復
させた宣言を何というか。

□ 7* 日本と中国との国交を正常化させた,1972年
に発表された声明を何というか。

□ 8 冷戦の終結が宣言されたのは何会談か。

1　サンフランシスコ
平和条約
解説 ソ連や東側陣営の
国々,アジアの国々の多く
とは結んでいない。

2　日米安全保障条約
（日米安保条約）
解説 現在,日本にあるア
メリカ軍基地の7割以上が
沖縄に置かれている。

3　高度経済成長

4　石油危機（オイル・
ショック）

5　アジア・アフリカ
会議
解説 インドネシアのバン
ドンで開かれた。

6　日ソ共同宣言

7　日中共同声明

8　マルタ会談

得点
アップ
UP

◉日本と中国・ソ連の関係
▶ソ連→日ソ共同宣言により,日本の国連加盟が実現。北方領土問題が残る。
▶中国→日中共同声明後,日中平和友好条約を結ぶ→関係深まる。

特集 2 年表でチェック（歴史）

問題 年表を見て，[ ]にあてはまる語句を答えなさい。

世紀	時代	年代	できごと	年代	できごと	朝鮮	中国
紀元前	縄文	1万年前	採集や狩りによって生活する	1万年前	農耕・牧畜が始まる		
	弥生	このころ	[稲作]，金属器が伝わる	前3000	四大文明がおこる		
1〜6		239	邪馬台国の[卑弥呼]が魏に使いを送る	このころ	シルクロードで東西の交流が栄える		漢
	古墳	このころ	大和政権の統一が進む	375	ゲルマン人の大移動		三国
		このころ	百済から[仏教]が伝わる	589	[隋]が中国を統一する		隋
	飛鳥	593	[聖徳太子]が摂政となる			高句麗・百済・新羅	
7		645	[大化の改新]が始まる	610	イスラム教が開かれる		
		672	壬申の乱がおこる	618	唐が中国を統一する		
		701	[大宝律令]が成立する	676	[新羅]が朝鮮半島を統一する	新羅	唐
8	奈良	710	都が[平城京]に移される				
		743	墾田永年私財法が出る				
		794	都が[平安京]に移される				
9		894	遣唐使が停止される				五代
10	平安	935	平将門の乱がおこる	936	高麗が朝鮮半島を統一する		
11		1016	[藤原道長]が摂政となる			高麗	宋
		1086	白河上皇が院政を始める	1096	十字軍遠征が始まる		
12		1167	平清盛が太政大臣となる				
		1192	[源頼朝]が征夷大将軍となる	1206	[チンギス・ハン]がモンゴルを統一		金
13		1221	承久の乱がおこる				
	鎌倉	1232	[御成敗式目]が成立する	1275	マルコ・ポーロが元に着く		
		13世紀後半	元が二度襲来する（元寇）	このころ	ヨーロッパでルネサンスがおこる		元
14		1333	鎌倉幕府がほろびる				
			[建武]の新政が始まる				
15	室町	1404	[足利義満]が日明貿易（勘合貿易）を始める				
		1467	[応仁]の乱が始まる	1492	[コロンブス]がアメリカに到達する	朝鮮	明
		1543	鉄砲が伝来する				
16	戦国	1549	[キリスト教]が伝来する	1517	ルターが[宗教改革]を始める		
		1573	室町幕府がほろびる				

世紀	時代	日本のおもなできごと			世界のおもなできごと			朝鮮	中国
		年代	できごと		年代	できごと			
16	桃山安土	1590	[豊臣秀吉]が全国統一		このころ	ヨーロッパ諸国のアジア進出が進む			明
17		1603	徳川家康が征夷大将軍となる					朝鮮	
		1637	島原・天草一揆がおこる		1640	イギリスでピューリタン革命がおこる			
		1641	[鎖国]体制が固まる						
18	江戸	1716	[享保]の改革が始まる						
		1787	寛政の改革が始まる		1775	アメリカ[独立戦争]が始まる			清
19		1837	大塩平八郎の乱がおこる						
		1841	[天保]の改革が始まる		1840	アヘン戦争が始まる			
		1853	ペリーが浦賀に来航する		1857	[インド大反乱]がおこる			
		1858	[日米修好通商]条約が結ばれる						
		1867	大政奉還が行われる		1861	アメリカで南北戦争が始まる			
	明治	1877	[西南戦争]がおこる						
		1889	大日本帝国憲法の発布						
		1894	[日清戦争]が始まる		1882	三国同盟が成立する			
		1904	[日露戦争]が始まる		1900	中国で義和団事件がおこる		大韓帝国	
		1910	韓国を併合する						
	大正	1915	中国に二十一か条の要求を出す		1914	[第一次世界大戦]が始まる		日本による占領	中華民国
		1925	[普通選挙]法が成立する						
20	昭和	1931	満州事変がおこる		1920	[国際連盟]が発足			
		1941	太平洋戦争が始まる		1929	世界恐慌がおこる			
		1945	[ポツダム]宣言を受諾		1939	[第二次世界大戦]が始まる			
		1946	[日本国憲法]の公布						
		1951	サンフランシスコ平和条約が結ばれる		1945	[国際連合]が発足		朝鮮民主主義人民共和国（北朝鮮）大韓民国（韓国）	中華人民共和国（台湾）
		このころ	高度経済成長が始まる		1950	朝鮮戦争が始まる			
		1960	新日米安保条約が結ばれる		1955	アジア・アフリカ会議が開催される			
		1972	[日中共同声明]が結ばれる						
		1978	[日中平和友好条約]が結ばれる		1973	第四次中東戦争がおこる			
	平成	1995	[阪神・淡路大震災]がおこる		1990	東西ドイツの統一			
21		2011	[東日本大震災]がおこる		2008	世界金融危機がおこる			
	令和	2020	新型コロナウイルス感染拡大						

39 現代社会の特色と文化

入試重要度
☆☆☆

問題 次の各問いに答えなさい。

解答

●現代日本の発展と変化

□ 1* 交通・通信網の発達によって，人やもの，お金
や情報などが国境をこえて行き来するようにな
り，世界の一体化が進むことを何というか。

1　グローバル化

□ 2 世界の各国が，それぞれの国で生産力の高い産
業に力を入れ，不足しているものは他国から輸
入することを何というか。

2　国際分業

□ 3* 右の2つのグラフ
から読み取れるよ
うな，日本の人口
の変化を何という
か。

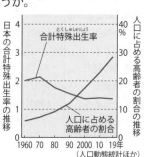

3　少子高齢化

解説 合計特殊出生率が低
下し，平均寿命がのびるこ
とで，子どもの数が減り，
65歳以上の人口割合が上
がること。

●社会集団と決まり

□ 4 人間は，家族や地域社会などの集団に属し，そ
の一員として協力しなければ生きられないこと
から，何とよばれるか。

4　社会的存在

解説 家族や学校，地域社
会などを社会集団という。

□ 5 ある問題について，あらゆる人が納得できる解
決策かどうかを判断するための代表的な考え方
を何というか。2つ答えよ。

5　効率，公正

□ 6 ものごとを決定する際に，最も多くの賛成を集
めた意見を採用する方法を何というか。

6　多数決

得点
アップ
UP

●効率と公正の考え方
▶効率→時間，お金，もの，労力などを無駄なく使うこと。
▶公正→みんなで決定し，特定の人が不利益を受けないようにすること。

40 人権のあゆみと日本国憲法

入試重要度
☆ ☆ ☆

問題 次の各問いに答えなさい。

解答

社会　理科　数学　英語　国語

◉人権のあゆみ

□ 1* 自由や平等などの，人が生まれながらにしてもつ権利を何というか。

1　基本的人権

□ 2 1889年に発布された，右の資料の憲法を何というか。

> 第1条　大日本帝国ハ万世一系ノ天皇之ヲ統治ス
> 第29条　日本臣民ハ法律ノ範囲内ニ於テ言論著作印行集会及結社ノ自由ヲ有ス

2　大日本帝国憲法

□ 3* 2 の憲法における主権者はだれか。

3　天　皇

◉日本国憲法

□ 4* 1946年に公布された右の資料の憲法における主権者はだれか。

> 第9条　日本国民は，…国権の発動たる戦争と，…武力の行使は，国際紛争を解決する手段としては，永久にこれを放棄する。
> 第11条　国民は，すべての基本的人権の享有を妨げられない。
> （一部省略）

4　国　民

□ 5 戦争の放棄などを定めた右の資料の憲法の第9条は，この憲法のどのような基本原理に基づくものか。

5　平和主義
解説 日本が国の防衛のために持っている自衛隊は，憲法に違反しているかいないか，さまざまな意見がある。

□ 6* 天皇が日本国憲法内で，国の政治についての権限をもたず，憲法に定められたことのみを行うことを何というか。

6　国事行為

□ 7* 2015年に安全保障関連法で行使が可能となった，同盟関係にある他国が攻撃され，日本にも危険がおよび他に手段がない場合，必要最小限度の防衛活動に参加する権利を何というか。

7　集団的自衛権

得点
アップ
UP

◉自由権と平等権，社会権の確立
▶自由権と平等権→アメリカ独立宣言（1776），フランス人権宣言（1789）
▶社会権→ドイツのワイマール憲法（1919）

41 基本的人権と個人の尊重

入試重要度
☆☆☆

問題 次の各問いに答えなさい。

解答

◉基本的人権

□1 基本的人権の1つで，だれもが等しいあつかい
を受ける権利を何というか。

1 平等権

□2 1の権利を守るために，女性差別をなくし，
男女が対等にあらゆる社会活動に参加できる社
会をめざして制定された法律は何か。

2 男女共同参画社
会基本法

□3* 基本的人権の1つ
である,自由権につ
いてまとめた右の
表中の a ～ c
にあてはまる言葉
をそれぞれ答えよ。

自由権
a の自由…自由に宗教を信仰し，自分の意見を自由に発表できる。
b の自由…不当な逮捕，拘束はされない。
c の自由…自分の就きたい職業を選び，住みたいところに住むことができる。

3 a 精神
b 身体
c 経済活動

□4* 基本的人権の1つである社会権の基本となる，
憲法第25条で保障されている「健康で文化的な
最低限度の生活を営む権利」を何というか。

4 生存権
解説 社会権には，生存権，
教育を受ける権利，勤労の
権利，労働基本権がある。

◉人権を守るための権利と新しい権利

□5* 人権が他人の人権を侵害しているときは制限さ
れる。この人権の限界のことを何というか。

5 公共の福祉

□6 政治が民主的に行われるように国民が政治に参
加する権利を何というか。

6 参政権

□7* 主権者である国民が，政治に参加するためにさ
まざまな情報を受け取ることができる権利を何
というか。

7 知る権利
解説 知る権利に基づいて，
情報公開制度が設けられて
いる。

得点
アップ
UP

◉日本国憲法で定められた国民の義務
▶①子どもに普通教育を受けさせる義務　②勤労の義務　③納税の義務

42 民主政治と選挙

入試重要度 ☆☆☆

問題 次の各問いに答えなさい。

解答

◎選挙と政党

□ 1 国民の代表者を選挙で選び，代表者が議会で話し合ってものごとを決めるやり方を何というか。

□ 2 日本での選挙方法を定めた法律を何というか。

□ 3* 政党のうち，選挙で多くの議席を獲得し，内閣を組織して政権をになうものを何というか。

□ 4* 政党が選挙の際に発表する，政権を担当したときに実施する政策や，目標をいつまでに達成するかなどを示したものを何というか。

□ 5* おもな選挙制度について示した右の図中の①，②にあてはまる選挙制度をそれぞれ何というか。

・①
当選!!　落選…
得票数… 100　60　20

・大選挙区制（定数2）
当選!!　落選…
得票数… 100　60　20

投票

・②（定数3）
当選!!　落選…　当選!!　落選…
得票数… A党200　B党150

□ 6* 財産制限や性別による制限のような，年齢以外の制限のない選挙を何というか。

□ 7 現在の日本で行われている選挙の4原則のうち，6 以外の3つを答えよ。

□ 8 議員1人あたりの一票の重みが，おもに都市部と農村部で差が生じている状態を何というか。

1 間接民主制（議会制民主主義）

2 公職選挙法

3 与党
解説 与党以外の政党を野党という。

4 政権公約（マニフェスト）

5 ①小選挙区制
②比例代表制

6 普通選挙
解説 日本では，1925年に男子のみの普通選挙が実現した。

7 平等選挙，
直接選挙，
秘密選挙

8 一票の格差

得点アップUP

◎日本の衆議院議員選挙
▶小選挙区比例代表並立制→定数465人を，小選挙区制（定数289）と全国を11ブロックに分けた比例代表制（定数176）で選ぶ。

43 国民を代表する国会

入試重要度
☆☆☆

問題 次の各問いに答えなさい。

解答

◉国会の役割

□ 1* 国会は，選挙で選ばれた国民の代表者によって
構成されることから，「国権の〇〇機関」とよば
れる。〇〇にあてはまる言葉は何か。

1　最高

□ 2　国会のおもな仕事は，法律の制定である。法律
案を提出することができるのは，国会議員のほ
かに，何という機関か。

2　内閣

◉二院制

□ 3　国会のしくみを表す右の図
中で，　a　にあてはまる議
院を何というか。

国　会

a	衆議院
議　長	議　長
↓	↓
委員会	委員会
↓	↓
b	b

3　参議院

解説 2つの議院を置くこ
とで，国民の意見を広く国
会に反映させたり，片方の
議院の行き過ぎを抑えたり
することができる。

□ 4* 図中の衆議院に，3の議
院よりも強い権限を与えて
いることを何というか。

4　衆議院の優越

□ 5* 4 の権限の1つで，衆議院が先に審議するこ
とができるものは何か。

5　予算

□ 6　図中の　b　には，すべての議員が出席して議院
の意志を決定する会議があてはまる。この会議
を何というか。

6　本会議

□ 7　2つの議院には，政治について調査したり証人
を議院によび質問したりする権限がある。この
権限を何というか。

7　国政調査権

得点
アップ
UP

◉ 2つの議院
▶衆議院…議員の任期は 4 年だが，解散がある。→衆議院の優越
▶参議院…議員の任期は 6 年だが，解散はない。

44 行政をになう内閣

入試重要度
☆☆☆

問題 次の各問いに答えなさい。

解答

◉内閣と国会

□ 1* 右の図は、日本の内閣と
国会の関係を表している。
内閣が国会の信任によっ
て成立し、国会に対して
連帯責任を負うこのしく
みを何というか。

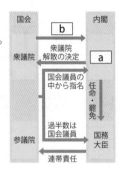

国会　　　　　内閣

b

衆議院　衆議院
解散の決定　a

国会議員の
中から指名　任命・罷免

過半数は
国会議員

参議院　　　国務
大臣

連帯責任

1 議院内閣制

□ 2* 図中の a にあてはまる
内閣の長はだれか。

2 内閣総理大臣（首相）

□ 3* 図中の b にあてはまる、内閣が信頼できない
とき衆議院が行う決議を何というか。

3 内閣不信任の決議
解説 内閣不信任の決議を
行えるのは、衆議院だけで
ある。

□ 4 3 の決議が可決され内閣が総辞職をしなかっ
た場合、どのようなことが行われるか。

4 衆議院の解散

◉行政のはたらき

□ 5 右の写真は、2 などが
出席する内閣の会議の
ようすである。この会
議を何というか。

5 閣議

□ 6 国民の暮らしを安定さ
せるための、社会保障などを充実させる政府の
在り方を何というか。

6 大きな政府

7 行政改革
解説 国への届け出制度を
見直し経済活動の範囲を広
げる規制緩和などが進めら
れている。

□ 7* 増えすぎた内閣の仕事を減らし、簡素で効率的
な行政をめざす改革を何というか。

得点
アップ
UP

◉内閣不信任の決議が可決したら……

▶内閣の総辞職…内閣総理大臣・国務大臣が全員職を辞する。

▶衆議院の解散…解散後、国民に意見を問うために総選挙が行われる。

51

45 裁判所のはたらきと司法権の独立

入試重要度 ☆☆☆

問題 次の各問いに答えなさい。

解答

◎裁判のしくみ

□1 右の図は，民事裁判のし
くみを表している。図中
の□□にあてはまる裁判
所を何というか。

□2* 図中の（①）（②）には，
判決に不服があれば，上
級の裁判所に審理を求め
ることをさす言葉があて
はまる。あてはまる言葉は何か。

□3* 図のように，1つの事件について3回まで裁判
を受けられるしくみを何というか。

```
        ┌──────┐
    抗告↑    ↑（②）
     ┌──────┐
     │高等裁判所│
     └──────┘
  抗告↑（①）↑   ↑（②）
┌────┐   ┌────┐
│家庭  │   │地方  │
│裁判所│   │裁判所│
└────┘   └────┘
           （①）↑
         ┌────┐
         │簡易  │
         │裁判所│
         └────┘
```

1　最高裁判所

2　①控訴
　　②上告

3　三審制
解説 裁判を慎重に行い，
当事者の人権を守るための
しくみである。

◎さまざまな裁判

□4 民事裁判とは異なり，犯罪行為についての有罪・
無罪や刑罰の内容を決める裁判を何というか。

□5* 2009年に始まった，4の裁判に国民の中から
選ばれた人々が参加し，裁判官とともに有罪・無
罪や刑罰の内容を決定する制度を何というか。

□6 国会が，問題のある裁判官を裁くために開く裁
判を何というか。

□7 裁判所が，国会がつくる法律や内閣の政治が憲法
に反していないかを審査する権限を何というか。

4　刑事裁判
解説 犯罪の疑いが強まっ
た人を検察官が被告人とし
て起訴し，裁判が行われる。

5　裁判員制度

6　弾劾裁判

7　違憲立法審査権
　（法令審査権）

得点
アップ
ＵP

◎民事裁判と刑事裁判

▶民事裁判 → 訴えた人 原告　　訴えられた人 被告

▶刑事裁判 → 訴えた人 検察官　　訴えられた人 被告人

46 地方自治と住民の政治参加

入試重要度 ☆☆☆

問題 次の各問いに答えなさい。

解答

◎地方自治

□1* わたしたちが所属している，市(区)町村，都道府県を何というか。

1 地方公共団体(地方自治体)

□2* 1 の政治が，国から自立して，住民自身によって運営されることを何というか。

2 地方自治

□3 1 で定めることができる，1 の独自の法を何というか。

3 条例

□4* 1 の首長の解職請求や，議会の解散請求，3 の制定や廃止の請求などをすることができる，住民がもつ権利を何というか。

4 直接請求権
解説 住民による直接民主制の要素を取り入れたもの。

◎地方財政

□5 右のグラフで示した 1 の財源のうち，a は国から支払われるもので，特定の費用に用いられるものであるが，これを何というか。

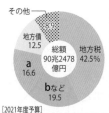

その他 8.9
地方債 12.5
総額 90兆2478 億円
地方税 42.5%
a 16.6
b など 19.5

[2021年度予算]
(2021/22年版「日本国勢図会」)

5 国庫支出金
解説 義務教育や道路整備，国がかかわる事業など，使い道の決まったお金。

□6* 1 の間での財政格差を小さくする目的で，財政不足を補うために国から配分される，グラフ中の b を何というか。

6 地方交付税(交付金)
解説 使い道は地方公共団体自身で決めることができる。

□7* 1 において，住民全体の意見を明らかにするために，住民がある問題や政策について賛否を直接あらわす機会を何というか。

7 住民投票

得点アップUP

◎地方公共団体の首長

▶都道府県→知事 市(区)町村→市(区)町村長 住民から直接選挙で選出。

▶議会との関係→均衡の関係。首長は拒否権，議会の解散権をもつ。

社会
理科
数学
英語
国語

47 消費生活と価格

入試重要度
☆☆☆

問題 次の各問いに答えなさい。

解答

◉家計と消費生活

□ 1　右の表は，ある家庭
の1日の支出を表し
ている。表中の A の
ような支出を何とい
うか。

●1日の支出●
・お米代(10kg)—3,000円
・野菜代 ——— 790円　A
・電球代(2個)— 190円
・生命保険の支払い—3,980円…B
合計 ———7,960円

□ 2　表中の B のような支
出を何というか。

□ 3*　表中の電球が欠陥品で消費者が被害を受けた場
合，企業には，消費者を救済する義務がある。
このことを定めた法律を何というか。

◉商品の流通と価格

□ 4*　右の図は，市場で人々が
商品を求める量と生産者
が提供できる量，価格と
の関係を表わしている。
図中の a ， b にあて
はまる言葉は何か。

（価格）高い↑　　安い↓
少ない ——→ 多い(数量)
a 曲線
A
b 曲線

□ 5　図中の a の量が b の量を上回っていると，
その商品の価格はどうなるか。

□ 6　図中の a ， b が一致する図中の A のとき
の価格を何というか。

1　消費支出

2　貯蓄
解説 保険料や銀行預金な
ど，将来のためにたくわえ
ておくお金のこと。

3　製造物責任法
　（PL法）

4　a 供給
　　b 需要

5　下がる
解説 消費者が求める量よ
り生産者が提供できる量が
少ないと，価格は上がる。

6　均衡価格

得点
アップ
UP

◉需要と供給
▶需要量より供給量の方が多い→価格は下がる ┐
　　　　　　　　　　　　　　　　　　　　　　├一致＝均衡価格
▶供給量より需要量の方が多い→価格は上がる ┘

48 生産のしくみと企業，職業と労働

入試重要度 ☆☆☆

問題 次の各問いに答えなさい。

解答

◎生産と企業

□ 1 企業が利潤を得ることを目的として生産活動をする経済のしくみを何というか。

1　資本主義経済

□ 2 右の図は，人々から集めた資金をもとに運営される会社のしくみを表している。このような会社を何というか。

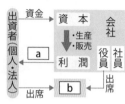

出資者 個人・法人　資金 → 資本会社 ・生産・販売 → 利潤 → a → 役員 社員 出席 → b ← 出席

2　株式会社

解説 一般の人々や企業に株式を買ってもらうことで，資金を得る。

□ 3 図中の a にあてはまる，資金を出した人が受け取る会社の利潤の一部を何というか。

3　配当

□ 4 図中の b にあてはまる，資金を出した人々による会議を何というか。

4　株主総会

□ 5 現代の企業が負うことを求められる，人々の生活を安定させ向上させるための責任をアルファベット3文字で何というか。

5　CSR

解説 企業は利益を追求するだけでなく，環境への取り組みやコンサート・スポーツ大会を主催するなどの社会的貢献活動（メセナ）を行うことが求められている。

◎職業と労働

□ 6 右のグラフは，労働形態別の労働者の割合を表している。図中の □ の労働者をまとめて何というか。

契約社員ほか 8.5　派遣社員 2.6
計 6715万人
26.2 パートアルバイト　正社員 62.7%
[2020年]　（「労働力調査」）

6　非正規労働者

解説 不景気などのため，非正規雇用で働く人々は近年，増えている。

□ 7 労働者が労働条件の改善を求め，結成する組織を何というか。

7　労働組合

得点アップUP

◎労働者を守る法律
▶労働三法…①労働基準法（労働条件の最低基準を定める）　②労働組合法（労働組合の結成などを認める）　③労働関係調整法

社会　理科　数学　英語　国語

49 金融・財政のはたらきと租税

入試重要度
☆☆☆

問題 次の各問いに答えなさい。

解答

◎金融と銀行

□1 銀行や信用金庫など，お金の貸し借りを行う機関を何というか。

1 金融機関

□2* 右の図は，日本の中央銀行と政府，一般の銀行との関係を表している。日本の中央銀行を何というか。

2 日本銀行

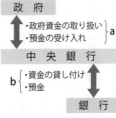

政府

・政府資金の取り扱い
・預金の受け入れ } a

中央銀行

b { ・資金の貸し付け
・預金

銀行

□3* 2 の銀行は図中の a，b のはたらきから，それぞれ何とよばれるか。

3 a 政府の銀行
　 b 銀行の銀行

◎財政のはたらき

□4 消費税のように，税を納める人と税を負担する人が一致しない税金を何というか。

4 間接税
解説 所得税などのように，税を納める人と負担する人が一致する税金を直接税という。

□5* 所得が多くなるほど，所得税の税率が高くなるしくみを何というか。

5 累進課税

□6* 右の図は，景気の変動のようすを表している。図中の a のときにおこる，物価の上昇を何というか。

6 インフレーション

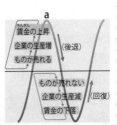

a
賃金の上昇
企業の生産増（後退）
ものが売れる
ものが売れない
企業の生産減（回復）
賃金の下落

□7 図中の a のときに増税をするなど，政府が景気を調節する政策を何というか。

7 財政政策
解説 不景気のときには，消費を増やすために減税などを行う。

得点
アップ
UP

◎財政政策
▶不景気→減税・公共事業の増加→生産・消費活動の活発化をはかる。
▶好景気→増税・公共事業の削減→景気の行き過ぎをおさえる。

公民

50 国民の生活と福祉

入試重要度 ☆☆☆

問題 次の各問いに答えなさい。

解答

◎社会保障

□ 1* 日本国憲法は，すべての国民が「健康で文化的な最低限度の生活を営む権利」をもつとしている。この権利を何というか。

□ 2* 右の表は，1の権利に基づき定められた日本の社会保障制度をまとめたものである。表中の **a** にあてはまる制度は何か。

種類	仕事の内容	
社会保険	医療保険　年金保険　雇用保険　労災保険など	
a	生活保護　　生活扶助・住宅扶助　　教育扶助・医療扶助など	
社会福祉	高齢者福祉　障がい者福祉　児童福祉　母子福祉	
公衆衛生	感染症対策　上下水道整備　廃棄物処理　公害対策など	

□ 3* 表中の社会保険の1つで，40歳以上の人々が加入し，介護が必要になったときにサービスが受けられる制度がある。この制度を何というか。

□ 4 3の制度がつくられたのは，近年日本では，人口に占める高齢者の割合が上がり，子どもの数が減り続けているからである。このような現象を何というか。

◎環境保全

□ 5 企業の生産活動などのため，住民の健康や生活環境に悪影響が出ることを何というか。

□ 6* 5の防止を目的とする法律を発展させ，1993年に制定された法律を何というか。

---

1 生存権

2 公的扶助

3 介護保険制度

4 少子高齢化
解説 医療の進歩による死亡率の低下と出生率の低下により，少子高齢化が進んでいる。

5 公害

6 環境基本法
解説 公害問題が深刻となった1967年に制定された公害対策基本法の内容を発展させた法律である。

得点
アップ
UP

◎少子高齢化問題
▶高齢化が進む→医療費や年金の給付額が上がる一方，保険料・税収が減る
　→社会保障の充実＋少子化対策として，子育てのしやすい制度づくり

51 国際連合のしくみとはたらき

入試重要度
☆☆☆

問題 次の各問いに答えなさい。

解答

◎国際連合のしくみ

□ 1　第一次世界大戦後の1920年に生まれた，世界
初の国際協力機関を何というか。

1　国際連盟

□ 2　右の図は，国際連合
のしくみをあらわし
ている。図中の a
にあてはまる，全加
盟国からなる機関を
何というか。

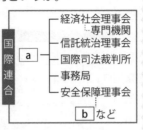

2　総会

□ 3* 図中の安全保障理事会の常任理事国は，イギリ
ス・フランス・ロシアのほかに，あと2か国は
どこか。

3　アメリカ，中国

□ 4* 図中の b にあてはまる，紛争地域での停戦の
監視などの活動を何というか。

4　平和維持活動
（PKO）

□ 5　図中の専門機関のうち，国連教育科学文化機関
という機関をカタカナで何というか。

5　ユネスコ
解説 教育や科学，文化を
通じて各国の協力を進め，
平和と安全に貢献すること
を目的としている。

◎国際社会の課題

□ 6　4 の活動として，日本の自衛隊が1992年に初
めて派遣された東南アジアの国はどこか。

6　カンボジア
解説 1992年に成立した
PKO協力法に基づき，派
遣された。

□ 7* 国際連合の取り組みのほかに，先進国の政府が
発展途上国の政府に資金や技術を提供する活動
が行われている。この活動を何というか。

7　政府開発援助
（ODA）

◎国連の安全保障理事会
▶常任理事国…5か国。拒否権をもち，1か国でも反対すると，採択されず。
▶非常任理事国…10か国で，任期は2年。総会で選出される。

52

地球環境，資源・エネルギー問題

入試重要度 ☆☆☆

問題 次の各問いに答えなさい。

◉地球環境・エネルギー問題

□ 1　右の図は，地球温暖化が
おこるしくみをあらわし
ている。図中の□□にあ
てはまる，温暖化の原因と
されるガスを何というか。

太陽
熱の放射
二酸化炭素などの□□
太陽光　　　赤外線
地球

□ 2* 温暖化対策として2015年に採択された，すべ
ての国が 1 の排出削減目標を設定し，各目標
に取り組むこととした国際合意を何というか。

□ 3　1 を大量に発生させる，石油や石炭などのエ
ネルギー資源を何というか。

□ 4* 3 のエネルギーに代わることが期待されてい
る，太陽光や地熱など，環境への影響が少ない
クリーンなエネルギーを何というか。

□ 5　4 のエネルギーの１つを
利用し，右の写真の施設で
行う発電を何というか。

◉貧困と平和

□ 6* 南半球の発展途上国と，北半球の先進国の経済
格差によって生じる問題を何というか。

□ 7　「だれ１人取り残さない」を理念に国連により掲
げられた，2030年までに達成すべき17の目標
を何というか。

解答

社会
理科
数学
英語
国語

1　温室効果ガス

2　パリ協定

3　化石燃料

4　再生可能エネル
ギー

5　風力発電
解説 風車の回る力を利用し
て，発電機を回す。

6　南北問題
解説 近年，発展途上国間
の経済格差も広がってきて
いる（南南問題）。

7　持続可能な開発
目標（SDGs）

得点
アップ
UP

◉化石燃料と再生可能エネルギー
▶化石燃料（石油・石炭・天然ガスなど）→燃やすと温室効果ガスが発生。
▶再生可能エネルギー（太陽光・風力・地熱など）→環境にやさしい。

特集 3 図表でチェック（公民）

問題 図表を見て，[　]にあてはまる語句や数値を答えなさい。

❶ 人権のあゆみと日本国憲法

大日本帝国憲法		日本国憲法
・1889年発布	成立	・[①1946]年公布 ・1947年施行
統治者で永久不可侵の存在	天皇	国民統合の象徴
[②天皇]	主権者	[③国民]
法律の範囲内で認められている	国民の人権	[④基本的人権]を永久の権利として保障

□ 1 日本国憲法は，[①1946]年に公布，1947年に施行された。

□ 2 大日本帝国憲法の主権者は[②天皇]，日本国憲法の主権者は[③国民]である。

□ 3 日本国憲法は，[④基本的人権]の尊重を三大原則の１つとしている。

❷ 衆議院と参議院

衆議院		参議院※
465人	議員数	248人※
[⑤4]年	任期	[⑥6]年
18歳以上	選挙権	18歳以上
25歳以上	被選挙権	30歳以上
・小選挙区…289人 ・[⑦比例代表]…176人	選挙区	・選挙区…148人 ・[⑦比例代表]…100人

※2018年6月，公職選挙法が改正され，参議院の定数は248人となった。2019年の参院選で245人，2022年から248人となる。

□ 1 衆議院の任期は[⑤4]年，参議院は[⑥6]年である。

□ 2 [⑦比例代表]制は，政党に投票して得票数に応じて議席を配分するしくみである。

□ 3 予算や法律案の議決などで衆議院の決定を優先させることを[⑧衆議院の優越]という。

❸ 国民を代表する国会

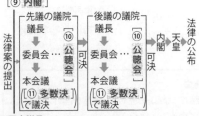

□ 1 法律案は，[⑨内閣]または国会議員が提出する。

□ 2 委員会では，専門家などの意見をきく[⑩公聴会]が開かれることがある。

□ 3 国会の議決は[⑪多数決]で行われる。

④ 裁判所のはたらき

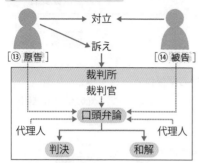

□ 1 左の図は，[⑫民事]裁判のし
くみである。

□ 2 左の図の裁判では，訴えた人
を[⑬原告]，訴えられた人を
[⑭被告]とよぶ。

□ 3 第一審の判決に不服がある場
合，上級の裁判所に
[⑮控訴]できる。

⑤ 財政のはたらきと租税

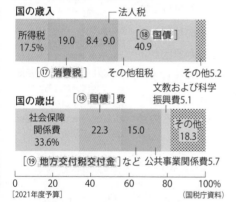

□ 1 税金には，所得税や相続
税などの[⑯直接税]，図
中の[⑰消費税]などの間
接税がある。

□ 2 税金の収入が足りなけれ
ば，国は[⑱国債]を発行
し借り入れを行う。

□ 3 [⑲地方交付税交付金]は，
地方公共団体の財政格差
を補うための歳出である。

⑥ 貧困と地域紛争

[栄養不足人口の割合（2017〜2019年）]
■非常に高い（35%以上） ■高い（25〜34%）
（国連WFP ハンガーマップ2020）

□ 1 先進国が地球の北半球，
発展途上国が南半球に集
中しており，両者の経済
格差の問題は[⑳南北]問
題とよばれる。

□ 2 2001年にアメリカで
[㉑同時多発テロ]がおこ
るなど，各地でテロリズ
ムや紛争が起きている。

物理

月　日

1

光の進み方

入試重要度
☆☆☆

問題 次の各問いに答えなさい。

解答

●光の反射と屈折

□ 1　光が反射するとき，入射角と反射角の関係はどうなるか。

□ 2　1 の関係を表す法則を何というか。

□ 3*　光が水中から空気中へ進むとき，境界面ですべて反射して，空気中に出ない現象を何というか。

□ 4　3 の現象を利用したものにどんなものがあるか。

□ 5　厚いガラスを通して見た物体が実際の位置からずれて見えるのは，光のどんな性質が原因か。

□ 6　以下の文の（　）にあてはまる語句を入れよ。
太陽の光をプリズムで通してみると（ ① ）色に分かれる。これと同じ原理で空に見えるのが（ ② ）である。

1　等しくなる

2　光の反射の法則

3　全反射

4　光ファイバー

5　光の屈折

6　① 7
　　② 虹

解説 光は，波長の異なる様々な色の光を含んでいる。そのため，プリズムを通すと，波長の違いで光が屈折し，7色に分かれる。空に見える虹も水滴がプリズムのはたらきをして光が屈折して起きる現象である。

●凸レンズ

□ 7　右図のように，物体から出た光が凸レンズを通っている。この凸レンズの焦点は B，D である。

□ 8　スクリーンにうつった像を実像といい，物体を A 点より左に動かすと，凸レンズとスクリーンとの距離は短くなり，像の大きさは小さくなる。

光軸(凸レンズの軸)　　　スクリーン

得点
アップ
UP

◎光の性質と凸レンズがつくる像の大きさ

▶光は，直進・屈折・反射をする性質がある。

▶凸レンズによってできる実像の大きさは，焦点距離の 2 倍の位置に物体を置くと，焦点距離の 2 倍の位置で，同じ大きさになる。

2 音 の 性 質

入試重要度
☆☆☆

問題 次の各問いに答えなさい。

解答

社会 理科 数学 英語 国語

◎音の伝わり方・高さ・大きさ

□ 1* 音源から出ている音が耳まで届くのは，音が何を伝わってくるからか。

1 空 気

□ 2 同じ音の高さで鳴るおんさが2個あるとき，これらを並べて，一方をたたくと，他方はどうなるか。

2 振動する（共鳴する，鳴り出す）

□ 3 音は，固体・液体・気体のうち，どの状態の中を最も速く伝わるか。

3 固 体

□ 4* 音の高さは何によって決まるか。

4 振動数

□ 5 4 のときの単位は何か。記号で答えよ。

5 Hz

□ 6* 音の大きさは何によって決まるか。

6 振幅

□ 7 音の三要素は，「音の高さ」，「音の大きさ」ともう1つを何というか。

7 音色

◎弦の振動

□ 8 右の図で，aを強くはじくと振幅が大きくなり，音の大きさは大きくなる。

□ 9 aとbを同じ強さではじくと，高い音が出るのはbである。

□ 10 弦を振動させて音を出すとき，弦の長さが長いほど，弦の太さが太いほど低い音が出る。

□ 11 高い音を出すためには，弦を張るときの強さを強くするとよい。

a（太い弦）　　b（細い弦）

※a，bは同じ強さで張っている。

得点
アップ
UP

◎音の性質

▶高い音は，振動数が多く，波長が短い。低い音は，振動数が少なく，波長が長い。

▶大きい音は，振幅が大きく，小さい音は，振幅が小さい。

3 力の表し方

問題 次の各問いに答えなさい。

解答

●いろいろな力と力の表し方

□ 1 物体がふれあう面の間で，物体の運動を妨げる
　　ようにはたらく力は何か。

1 摩擦力

□ 2 物体を地球の中心に向かって引く力は何か。

2 重力

□ 3 力の大きさを表す単位は何か。

3 ニュートン(N)

□ 4* 以下の文の(　　)にあてはまる語句を入れよ。
　　力を矢印で表すとき，矢
　　印の長さは力の(　①　)，
　　矢印の向きは力の(　②　)，
　　矢印の始点は(　③　)を表している。

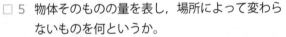

4 ①大きさ
　②向き
　③作用点

解説 これらを力の三要素
という。

□ 5 物体そのものの量を表し，場所によって変わら
　　ないものを何というか。

5 質量

●力の大きさとばねの伸び

□ 6 右の表の測定値には誤差が含まれてい
　　るので，測定値の点の並び方を見て，
　　原点と各点の近くを通るように直線を
　　引く。

力の大きさ〔N〕	0	0.1	0.2	0.3	0.4	0.5
ばねの伸び〔cm〕	0	5.1	10.2	14.9	20.3	24.8

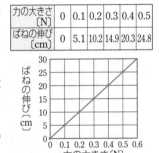

□ 7* 右のグラフから，ばねの伸びと力の大
　　きさとの関係は比例している。これを
　　フックの法則という。

□ 8 右のグラフで，ばねを 40 cm 伸ばすの
　　に必要な力の大きさは 0.8 N である。

得点
アップ
UP

◎力の表し方，重さと質量の違い

▶力の矢印は，力の大きさ・向き・作用点を表している。

▶重さは，物体にはたらく重力の大きさであり，単位は〔N(ニュートン)〕を
　用いる。質量は，物体そのものの量であり，単位は g，kg を用いる。

4 圧力・水圧・浮力

入試重要度 ☆☆☆

問題 次の各問いに答えなさい。

解答

●圧 力

□1 40 N のレンガを下の図のように置いたとき，板の面にはたらく圧力が最も大きいのはどれか。また，その圧力を〔Pa〕で求めよ。

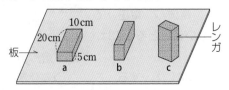

□2* 大気圧は何によって生じる圧力か。

□3* 水圧は，水の深さに対して，どのような関係があるか。

1 **c**

（圧力）**8000 Pa**

解説 圧力が最も大きくなるのは，押す力が同じなので，力を受ける面積が最も小さいものを選ぶとよい。圧力を求める公式より，

$$圧力〔Pa〕=\frac{面を垂直に押す力〔N〕}{力を受ける面積〔m^2〕}$$

$$=\frac{40}{0.1×0.05}=\frac{40}{0.005}$$

$$=8000$$

2 **空気の重さ**

3 **比 例**

●水圧と浮力

□4 図1で，水に沈めたとき，ゴム膜のようすが正しいのはアとウである。

□5 図2のAで，2Nの物体をばねばかりにつるし，一部を水に入れたとき，物体にはたらく浮力は0.5Nとなり，BとCのとき，物体にはたらく浮力の大きさは等しい(同じ)。

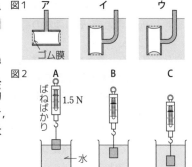

◎圧力と浮力

▶ 大気圧や水圧は物体のすべての面に垂直にはたらく。

▶ 水中に物体を沈めると，物体の上面と下面とに水圧の差が生じ，物体に上向きの力として浮力がはたらく。

5 回路と電流・電圧のきまり

入試重要度
☆☆☆

問題 次の各問いに答えなさい。

解答

◉電流・電圧・抵抗

次の文の（　）にあてはまる語句を入れよ。また，A
〜Cでは正しい語句を選べ。

□1* 回路の電流・電圧について，直列回路の中で等しい値をとるものは，（A: 電流 / 電圧 ）であり，並列回路の中で等しい値をとるものは，（B: 電流 / 電圧 ）である。

1　A 電 流
　　B 電 圧

解説 直流回路は電流が等しく，並列回路は電圧が等しい。

□2* 電流は電圧に（ ① ）し，抵抗に（ ② ）する。これを（ ③ ）という。

2　①比 例
　　②反比例
　　③オームの法則

□3 直列回路の合成抵抗 R は，各抵抗 R_1 と R_2 の（C: 和 / 差 ）と等しい。

3　C 和

解説 $R = R_1 + R_2$

◉電流と電圧の関係

□5 電熱線を表す電気用図記号は▭である。

□6 図1で，電熱線 a に流れる電流が50mAのとき，その両端の電圧は 2 V である。

□7 図1で，電熱線 a と b を直列につないで電源装置の電圧を 5 V にしたとき，回路に流れる電流は 0.1 A である。

□8 図2で，電熱線 a に流れる電流が0.1 A のとき，P 点に流れる電流は 0.5 A である。

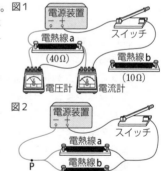

図1

電源装置

電熱線a
（40Ω）

スイッチ

電熱線b
（10Ω）

電圧計　　電流計

図2

電源装置

スイッチ

電熱線a

P

電熱線b

※電熱線は図1と同じものを使う。

得点
アップ
UP

◉並列回路の合成抵抗

▶各抵抗 R_1 と R_2 を使って表すと，$\dfrac{1}{R} = \dfrac{1}{R_1} + \dfrac{1}{R_2}$ の関係。

6 電流と光や熱

入試重要度
☆☆☆

問題 次の各問いに答えなさい。

解答

社会

◎発熱量と電流・電圧

理科

□ 1　発熱量と電圧・電流の間にはどのような関係が
　　　あるか。

□ 2[*] 電力を求める式を示せ。

□ 3[*] 電力の単位は何か。

□ 4　1 V の電圧で 1 A の電流が流れると, 1 秒間に
　　　何 J の熱が出るか。

□ 5　100 V – 40 W の電球と 100 V – 60 W の電球を
　　　直列に接続し 100 V の電圧を加えると, どち
　　　らの電球が明るいか。

□ 6　家で, 100 V – 80 W のテレビを 30 分間見たとき,
　　　電力量は何 Wh か。

1　電圧と電流の積
　　に比例

2　電圧×電流

3　ワット(W), キロ
　　ワット(kW)など

4　1 J

5　100 V – 40 W の電
　　球
　解説 100 V – 40 W の電球
　のほうが電力は大きい。

6　40 Wh
　解説 家庭用の電圧は100V。
　80 W×0.5 h＝40 Wh

数学
英語
国語

◎電流と電圧の関係

□ 7　容器に同じ量の水を入れ,右図のような装
　　　置を用いて, 測定した結果を表に示した。

　　　① 電源装置の電圧が 3 V のとき, 電熱
　　　　線 a から毎秒 0.8 J の熱が出る。

　　　②①のとき, 電熱線 b から毎秒 0.4 J の
　　　　熱が出る。

　　　③ 電源装置の電圧が 12 V のとき, 電熱
　　　　線 b の電力は 6.4 W である。

　　　④ 5 分間電流を流すと, 電熱線 a の容器
　　　　のほうが温度の上昇が大きい。

スイッチ　　電源装置

Ⓥ　　　　　　－＋　Ⓐ

電熱線a　　　電熱線b

電源装置の 電圧〔V〕	3.0	6.0	9.0	12.0
電流計の値 〔A〕	0.4	0.8	1.2	1.6
電圧計の値 〔V〕	2.0	4.0	6.0	8.0

得点
アップ
UP

◎熱量を求める式
▶電流による発熱量〔J〕＝電力〔W〕×時間〔s〕＝電流〔A〕×電圧〔V〕×時間〔s〕
▶水が得た熱量〔J〕＝4.2〔J/(g・℃)〕×水の質量〔g〕×水の温度上昇〔℃〕

7 静電気・電子・電流

入試重要度
☆☆☆

問題 次の各問いに答えなさい。

解答

◉静電気・放電・電子

☐ 1 ①, ②には, それぞれどのような力がはたらくか。
　　① 同じ種類の電気を帯びた物体どうし。
　　② 異なる種類の電気を帯びた物体どうし。

☐ 2 自然界で起きる大規模な放電を何というか。

☐ 3* 放電管の陰極から出ている放射線を何というか。

☐ 4 電流の向きと電子の移動の向きは同じか。それとも反対か。

☐ 5 電流が流れるとき, 電子は電池の何極から流れ出るか。

☐ 6 導体は何を多くもっているか。

☐ 7* 電気を通さない物質を何というか。

☐ 8 α線・β線などをまとめて何というか。

☐ 9 8 が人体に与える影響を表す単位は何か。

1　①しりぞけ合う力
　　②引き合う力

2　雷

3　陰極線(電子線)

4　反　対

5　－極

6　自由に動ける電子
　（自由電子）
解説 金属原子の間を自由に動き回っている電子である。

7　絶縁体(不導体)

8　放射線
解説 放射線を出す能力を放射能という。

9　シーベルト(Sv)

◉陰極線の性質

☐ 10 右図で見られる陰極線は, **イ**のようになる。

☐ 11 10 から, 陰極線には**直進する**性質がある。

☐ 12 **B**の電極に－極, **C**の電極に＋極をつないで電圧を加えると, 陰極線は**ウ**のようになる。

☐ 13 12 から, 陰極線は－(マイナス, 負)の電気をもつことがわかる。

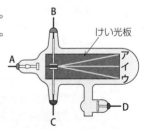

けい光板

得点 アップ UP

◉陰極線と回路を流れる電子

▶陰極線は, 「直進する」, 「質量をもつ」, 「－の電気をもつ」という性質がある。

▶電子の移動の向き(－から＋へ)は, 電流の向き(＋から－へ)と反対である。

物理

月　日

8 電流と磁界

入試重要度
☆☆☆

問題 次の各問いに答えなさい。

◉電流がつくる磁界と電流の種類

次の文の(　)にあてはまる語句を入れよ。

□ 1 磁力線は(　①　)極から(　②　)極に向かって進み,この向きは(　③　)の向きを表す。

□ 2 1本の導線のまわりにできる磁界について,右ねじを回す向きは(　①　)の向きを,右ねじが進む向きは(　②　)の向きを示す。これを右ねじの法則という。

□ 3 コイルに電流を流して電流の向きに右手をあわせると,親指の向きは(　　)の向きを示す。

□ 4 流れる向きが規則的に変わる電流を(　　)という。

解答

1 ①N
　②S
　③磁　界

2 ①磁　界
　②電　流

解説 2：直線電流のまわりには, 同心円状の磁界ができる。

3 磁　界

解説 コイルの内側にできる磁界の向きを示す。

4 交　流

◉電磁誘導

□ 5★ 右図で, 磁石のN極を近づけると,検流計の針が右に振れた。この現象は電磁誘導によって起こり, 流れる電流を誘導電流という。

□ 6 次に磁石のS極を遠ざけるようにすると, 検流計の針は右に振れる。

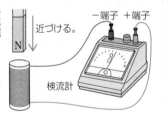

近づける。

一端子　＋端子

検流計

◉電流が磁界から受ける力

□ 7 右図で,時計まわりにコイルを回転させるには,電流を流す向きはA〜Dの記号を使うとD→C→B→Aとなる。

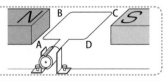

得点
アップ
UP

◎電流がつくる磁界の向き

▶磁界の向きは, 磁針のN極がさし示す向きである。

▶誘導電流の向きは,磁石の動きを妨げるような磁極をつくる向きに流れる。

社会
理科
数学
英語
国語

69

9 力のつりあいと運動のようす

入試重要度
☆ ☆ ☆

問題 次の各問いに答えなさい。

解答

●力の合成と分解，物体の運動

□ 1* 2つの力がつりあっているときの条件は，「2つの力の大きさは等しい」「2つの力は一直線上にある」と，もう1つは何か。

□ 2 一直線上で，2Nと3Nの力が同じ向きにはたらいているときの合力の大きさは，何Nか。

□ 3 以下の文の（　）にあてはまる語句を入れよ。
力の分解は，もとの力を（ ① ）とする平行四辺形を描く。このときとなり合う2辺が（ ② ）になる。

□ 4* 物体に力がはたらかないか，力がつりあうとき，静止している物体は静止を続け，運動している物体は，運動をし続ける。この法則を何というか。

□ 5 物体に力を加えると，物体から力を受ける。この力を何というか。

1 2つの力の向きが
反対である

2 **5 N**
解説 同じ向きにはたらくので，
2＋3＝5〔N〕

3 ①対角線
　②分　力

4 慣性の法則

5 反作用
解説 物体に力を加える（作用）と，必ず，物体から力を受ける（反作用）。これを作用・反作用の法則という。

●斜面上での物体の運動

□ 6 図1で，力Fは，台車にはたらく重力の分力である。

□ 7 図2の記録タイマーの結果から，台車の速さは速くなっていることがわかる。

□ 8 1秒間に60打点した場合，図2の区間②の平均の速さは **73** cm/s である。

図1

図2
最初の打点
① ② ③
0　2.5cm　9.8cm　22.1cm

得点
アップ
UP

◎力のつりあいと物体の運動

▶「2 力のつりあい」と「作用・反作用」は，つりあいの3条件が同じものとして考えることができる。

▶平均の速さ＝移動した距離÷時間

物理　　　　　　　　　　　　　　　月　日

10 仕事とエネルギー

入試重要度
☆☆☆

問題 次の各問いに答えなさい。

解答

◉仕事

社会

□ 1 次の①, ②の値を求めよ。

図1

物体
200 N

図2

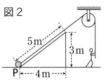

5m
3m
P　4m

理科

1 ①100 N
解説 棒を動かす距離は2
倍だから, 力の大きさは半
分になる。

数学

① 図1で, てこの右端を 20 cm おし下げると,
物体が 10 cm 持ち上がった。棒をおす力の
大きさはいくらか。

② 図2で, 重さ 80 N の物体を斜面に沿って
5 m 動かしたときの仕事の量はいくらか。

英語

②240 J
解説 80 N の物体を直接
3 m 持ち上げるのと同じ。

国語

□ 2* 道具を使っても, 仕事の量は同じである。これ
を何というか。

2 仕事の原理

◉位置・運動エネルギー

□ 3 右の図で, A 点が 2 m, 物体
の質量が 300 g のとき, 物体
がもつ位置エネルギーは 6 J
である。

※100gの物体にはたらく重力の大きさを 1 N
とする。
※レールには摩擦がはたらかないものとする。

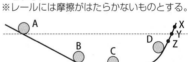

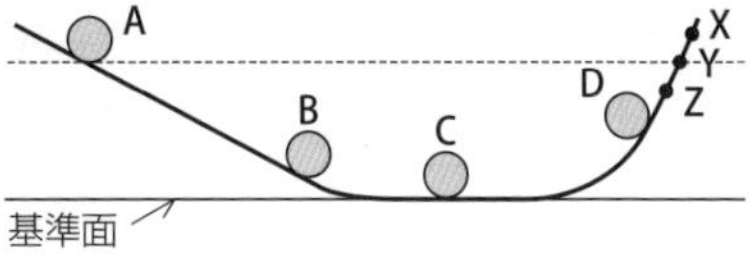

A
B
C
D
X
Y
Z
基準面

□ 4 A ～ D で, 運動エネルギー
が最大になるのは C である。

□ 5* この物体は, X ～ Z のうち Y まで上がりきると考えられる。位置エネルギー
と運動エネルギーの和を力学的エネルギーといい, その値は一定である。

得点
アップ
UP

◉位置エネルギーと運動エネルギー
▶摩擦力がない場合, 位置エネルギーの減少分=運動エネルギーの増
加分という関係がある。

71

特集 1 図表でチェック［物理］

問題 図を見て，[　　]にあてはまる語句や数値を答えなさい。

1 凸レンズ

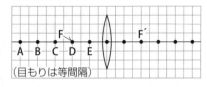

（目もりは等間隔）

□ 1 左図で，F と F′は焦点を示している。C 点に物体を置いたときにできる像は[実像]である。

□ 2 1 のときにできる像の大きさは，物体の大きさより[大きい]。

□ 3 虚像ができるのは，[E]点に置いたときである。

□ 4 焦点に物体を置いたとき，像は[できない]。

2 音の性質

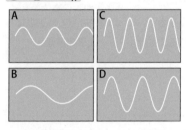

A　C
B　D

□ 1 左図のオシロスコープの波形で，最も音が高いのは[C]である。

□ 2 左図で，最も音が大きいものは[C と D]である。

□ 3 左図で，音の高さが同じものは[A と D]である。

3 ばねの伸びと力の大きさ

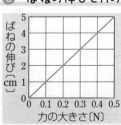

ばねの伸び〔cm〕

力の大きさ〔N〕

※質量100 gの物体にはたらく重力の大きさを 1 N とする。

□ 1 左図のグラフより，力の大きさとばねの伸びは[比例]関係にある。

□ 2 ばねを 1 cm 伸ばすのに必要な力の大きさは[0.1]N である。

□ 3 ばねを 8 cm 伸ばすのに必要な力の大きさは[0.8]N である。

□ 4 3 N の力を加えてばねを伸ばすと[30]cm 伸びる。

□ 5 このばねに質量 200 g の物体をつるすと，[20]cm 伸びる。

④ **オームの法則・電力**

図1

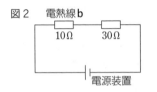

電熱線a
10Ω

X ● ――――― ● Y

30Ω

電源装置

図2

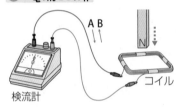

電熱線b
10Ω　30Ω

電源装置

□ 1　図1で，30Ωの電熱線に流れる電流
　　の向きは[X → Y]である。

□ 2　図1の回路で，電熱線aに流れる電流
　　が0.9Aのとき，電源装置の電圧は[9]
　　Vである。

□ 3　図1の回路で，電源装置の電圧を2Vに
　　したとき，電熱線aの消費電力は[0.4]
　　Wとなる。電熱線bでの消費電力を
　　電熱線aと同じにするには，図2の電
　　源装置の電圧を[8]Vにすればよい。

⑤ **電流と磁界**

A B

N

コイル

検流計

□ 1　左図のようにコイルに検流計をつな
　　ぎ，コイルに棒磁石のN極を近づ
　　けると，検流計の指針が左に振れた
　　ことから，流れた誘導電流の向きは，
　　[B]である。

□ 2　コイルの中の[磁界]が変化すると，その変化に応じた[電圧]が生じて
　　コイルに電流が流れる。この電流を誘導電流といい，このような現象
　　を[電磁誘導]という。

⑥ **運動とエネルギー**

小球

レール

木片

小球の高さ〔cm〕		10	20	30
木片の 移動距離 〔cm〕	20gの小球	10	20	30
	40gの小球	20	40	60
	80gの小球	40	80	120

□ 1　20gの小球を斜面上の高さ30cmまで持ち上げるのに5秒かかった。
　　このときの仕事は[0.06]Jで，仕事率は[0.012]Wである。

□ 2　質量が100gの小球を40cmの高さから転がして木片にあてると，木
　　片は[200]cm動く。

11 実験・観察器具の使い方

入試重要度
☆☆☆

問題 次の各問いに答えなさい。

解答

◉ガスバーナー・てんびん

□ 1* 以下の文の（　　）にあてはまる語句を入れよ。

A図のガスバーナーで，ねじaは（①），ねじbは（②）である。

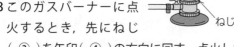
矢印X　矢印Y
ねじa
ねじb

Bこのガスバーナーに点火するとき，先にねじ（③）を矢印（④）の方向に回す。点火したあと，ねじ（⑤）を回して，炎が（⑥）色になるように調節する。

□ 2 上皿てんびんで質量をはかるとき，分銅は重いものと軽いもの，どちらから先にのせるか。

□ 3 電子てんびんで粉末の物質をはかるとき，薬包紙をのせてから何をするか。

1　A ①空気調節ねじ
　　　②ガス調節ねじ
　　B ③b
　　　④X
　　　⑤a
　　　⑥青

2　重いもの

3　リセットスイッチを押して表示を0にする。

◉メスシリンダー

□ 4* メスシリンダーの目盛りを読むとき，正しい目の位置は，右図のウである。

ア　　　イ　　　　ウ

□ 5 右図のメスシリンダーは，1目盛り1 cm³ である。メスシリンダーに入っている液体の体積は57.5 cm³ である。

60

得点
アップ
UP

◉実験・観察器具の使い方

▶ガスバーナーの炎の色は青色に調節する。

▶メスシリンダーの目盛りを読むとき，最小目盛りの10分の1まで目分量で読みとる。

12

身のまわりの物質の性質

入試重要度
☆☆☆

問題　次の各問いに答えなさい。

解答

社会

理科

数学

英語

国語

◉物質の性質

□ 1* 有機物を燃焼させると発生する気体は何か。

□ 2 次の金属製品は，どのような性質を利用したも
のか。下から選べ。
　① やかん　　② 銅線　　③ アルミホイル
　ア 熱を伝える
　イ たたくと広がる
　ウ 電気をよく通す

□ 3 砂糖・食塩・デンプンを区別する場合，水への
溶け方を調べる以外にどんな方法があるか。

□ 4 ペットボトル製品についていた識別
マークが右図である。
　① PET とは何の略称か。
　② 図のマーク全体は何を表しているか。

1　二酸化炭素

2　①ア
　　②ウ
　　③イ

3　加熱する

4　①ポリエチレンテ
　レフタラート
　　②識別マーク（リ
　サイクルマーク）

◉密　度

□ 5 A～F の 6 つの固体は，4 種類の
物質に分けることができる。

□ 6 5 のように分けることができる
のは，質量と体積が比例の関係に
あり，原点を通る直線が 4 本引け
るからである。

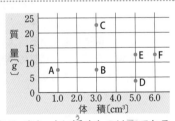

□ 7 密度が最も大きいものは A と C である。また，水に浮くものは D である。

```
得点
アップ
UP
```

◉密度による物質の分類
▶物質の密度は決まっており，水への浮き沈みは，水の密度 1 g/cm^3 と
比べて，小さい物質は浮き，大きい物質は沈む。

13 気体とその性質

入試重要度
☆☆☆

問題 次の各問いに答えなさい。

解答

●気体の種類・つくり方・性質

□ 1 以下の文の（　）にあてはまる語句を入れよ。
A 石灰石に塩酸を加えると，（ ① ）が発生し，この気体の溶けた水溶液は（ ② ）性を示す。
B 亜鉛にうすい塩酸を加えると，（ ③ ）が発生する。この気体は空気より（ ④ ）い。また，気体自体が（ ⑤ ）性質をもつ。

□ 2* 空気中に 20 % 含まれている気体は何か。

□ 3* 2 の気体がもつ特有のはたらきは何か。

□ 4 水道水の消毒に使われ，特有の刺激臭をもった黄緑色の気体を何というか。

1 A ①二酸化炭素
　　②酸
　B ③水　素
　　④軽
　　⑤燃える
解説 石灰水に二酸化炭素を通すと，白く濁る。

2 酸　素

3 ものを燃やす
（助燃性）
解説 酸素そのものは燃えない。

4 塩　素

●気体の性質と集め方

□ 5* アンモニアの集め方は，右図のイで，その名称は上方置換法という。この集め方をするのは，アンモニアは水に溶けやすく，空気より軽いからである。

□ 6 二酸化マンガンにオキシドールを加えると，酸素が発生する。集め方は水上置換法を使う。同じ気体が発生する酸化銀を加熱してもよい。

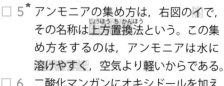

●気体の性質と集め方
▶水に溶けにくい気体は水上置換法で集める。空気より軽いか重いかは関係ない。
▶アンモニアは刺激臭があり，水に溶けやすく，水溶液はアルカリ性を示し，塩酸を近づけると白煙が出る。

14 水溶液の性質

入試重要度
☆☆☆

問題　次の各問いに答えなさい。

解答

◎水溶液に溶けているもの・水に溶ける量

□ 1* 以下の文の（　　）にあてはまる語句を入れよ。
　　液体に溶けている物質を（ ① ），物質を溶かす
　　液体を（ ② ）という。

1　①溶　質
　　②溶　媒

□ 2 角砂糖が水に溶ける順に記号を並べよ。

砂糖の
粒子

A　　　　B　　　　C　　　　D

2　A→D→C→B

□ 3* 100 g の水に溶かすことのできる物質の最大量
　　を何というか。

3　溶解度

◎水溶液の濃度・再結晶

□ 4 40 ℃ の水 100 g に硝酸カ
　　リウムを溶かして，飽和水
　　溶液をつくった。このとき，
　　水溶液の濃度を四捨五入に
　　より整数で求めると 39 % となる。

食塩と硝酸カリウムの溶解度

水の温度〔℃〕	0	20	40	60	80	100
食塩〔g〕	35.7	35.8	36.3	37.1	38.0	39.3
硝酸カリウム〔g〕	13.3	31.6	64.0	109.2	168.8	244.8

□ 5 試験管 A には食塩 4 g，試験管 B には硝酸カリウム
　　4 g を入れたあと，それぞれに水 10 g を入れてよく
　　混ぜ，60 ℃ まで上げると，試験管 B はすべて溶けた。

温度計
A B

□ 6 80 ℃ の水 100 g に硝酸カリウム 100 g を入れ，20 ℃
　　まで下げると出てくる結晶の質量は 68.4 g である。

得点
アップ
UP

◎水溶液の性質

▶水溶液中の溶質は，小さな粒となって一様に散らばり，時間がたって
　も沈むことはない。

▶温度による溶解度の差が大きい物質は，再結晶としてとり出せる量も大き
　い。

社会
理科
数学
英語
国語

15 物質の状態変化

入試重要度
☆ ☆ ☆

問題 次の各問いに答えなさい。

解答

◎状態変化と温度

□ 1* ①固体，②液体，③気体のようすを表している
　　　のは，次のうちどれか。

1　①イ
　　②ウ
　　③ア

□ 2 以下の文の（　　）にあてはまる語句を入れよ。
　　水は，液体から固体，液体から気体になるとき
　　体積は（ ① ）。水以外の物質は，液体から固体に
　　なるとき体積は（ ② ）。しかし，質量は（ ③ ）。

2　①増える
　　②減る
　　③変わらない

□ 3* 固体から液体になるときの温度を何というか。

3　融点

□ 4* 液体が沸騰するときの温度を何というか。

4　沸点

□ 5 純物質（純粋な物質）の場合，3 や 4 の温度は
　　どのようになるか。

5　一定

◎液体混合物の加熱

□ 6 右図は，水とエタノールを混ぜて加熱し
　　たときの温度変化を示してある。
　　① B では，主にエタノールが沸騰してい
　　　る。
　　② 水が沸騰しているのは A ～ D のうち
　　　Dである。
　　③ 液体の混合物を加熱し，出てきた気
　　　体を冷やして，もとの成分をとり出す操作を蒸留という。

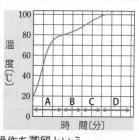

得点
アップ
UP

◎沸点・融点

▶純物質（純粋な物質）は，沸点・融点が決まっていて，一定の値になる。

16 物質の分解と結びつき

入試重要度
☆☆☆

問題 次の各問いに答えなさい。

解答

社会

理科

数学

英語

国語

●物質の分解と物質が結びつく反応

□ 1* 電流を流して物質を分解することを何というか。

□ 2 以下の文の（　）にあてはまる語句を入れよ。

　A 水に電流を流して分解すると，陽極からは（　①　）が発生し，陰極からは（　②　）が発生する。①と②の気体が発生する割合は体積比で表すと（　③　）となる。

　B 酸化銀を加熱すると（　④　）が発生し，この気体を集めるには（　⑤　）という方法を用いる。加熱後，試験管に残った物質は（　⑥　）である。

□ 3 塩化銅水溶液に電流を流すと，どんな物質に分解するか。

□ 4 硫化鉄のように，物質が結びついてできたものを何というか。

1 電気分解

2 A ①酸　素
　　②水　素
　　③1：2

　B ④酸　素
　　⑤水上置換法
　　⑥銀

3 銅と塩素
　解説 塩素は刺激臭があり，脱色作用のある気体である。

4 化合物
　解説 2種類以上の物質が結びついてできたものを化合物という。

●炭酸水素ナトリウムの加熱

□ 5 右図のように炭酸水素ナトリウムを加熱すると，**二酸化炭素**の気体が発生し，**石灰水**が白く濁る。

□ 6 試験管内で起こった化学変化は**分解（熱分解）**である。

□ 7* 試験管の口の内側についた液体は**塩化コバルト紙**を使って調べるとよい。すると，**青色から赤（桃）色**に変化し，**水**ができたことがわかる。

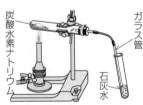

炭酸水素ナトリウム
ガラス管
石灰水

得点
アップ
UP

◎化学変化

▶物質が変化して，まったく別の物質になり，もとに戻すことができない変化を化学変化という。

月 日

17 物質と原子・分子

入試重要度 ☆☆☆

問題 次の各問いに答えなさい。

解答

●原子と分子，周期表

□ 1 以下の文の（　　）にあてはまる語句を入れよ。
A 原子は，それ以上（ ① ）ことができない。
B 原子は，化学変化で新しくできたり，なくなったり，他の種類の原子に（ ② ）しない。
C 原子の種類により，大きさと（ ③ ）が異なる。
D 分子は，物質としての性質を示す（ ④ ）の粒である。

□ 2* 分子の集まり方だけが変わる変化を何というか。

□ 3 水分子の化学式を書け。

□ 4* 原子の種類を記号で表したものを何というか。

□ 5 4 を性質の似たもので規則的に並べた表を何というか。

1　A ①分ける
　　B ②変わったり
　　　（変化）
　　C ③質　量
　　D ④最　小
解説 D：気体は，分子をつくるが，鉄や銅などの金属は分子をつくらない。

2　状態変化
解説 化学変化は，原子の結びつきや組み合わせが変わる。

3　H_2O

4　元素記号

5　周期表

●鉄と硫黄の結びつき

□ 6 右図のように，鉄と硫黄の混合物（ a ）を加熱した（ b ）。磁石を近づけると，a は引きつけられたが，b は引きつけられなかった。

□ 7 a と b に塩酸を加えると，a から水素，b から卵が腐ったような臭いがする硫化水素が発生する。

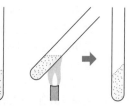

a　　　　　　b

□ 8 この化学変化を化学反応式で表すと，Fe ＋ S ⟶ FeS となる。

得点
アップ
UP

●化学式と原子・分子
▶水素・酸素・窒素・塩素のような単体の気体は，分子をつくる。
▶単体の気体の化学式は，H_2，O_2 のように表す。

18 酸化と還元，化学変化と熱

入試重要度
☆☆☆

問題 次の各問いに答えなさい。

解答

●いろいろな化学変化

□ 1* 炭素を含む物質を何というか。

1 有機物

□ 2 1 の物質を燃焼させると，二酸化炭素ともう1つは，どんな物質ができるか。

2 水

□ 3* 物質が酸素と結びつく化学変化を何というか。

3 酸化

□ 4* 物質から酸素をとり除く化学変化を何というか。

4 還元

□ 5 以下の文の（　）にあてはまる語句を入れよ。
携帯用のかいろは，鉄に（ ① ）が結びつくとき，（ ② ）が発生するのを利用したものであり，このような化学変化を（ ③ ）という。また，塩化アンモニウムと水酸化バリウムとの反応では，温度が（ ④ ）。このような化学変化を（ ⑤ ）といい，冷却パックなどに使われている。

5 ①酸素
②熱
③発熱反応
④下がる
⑤吸熱反応

●酸素を失う変化

□ 6 右図の装置で，酸化銅と炭素の混合物を加熱すると，赤褐色に変化した銅が生じ，石灰水が白く濁った。

□ 7 6 の反応を化学反応式で表すと，
$2CuO + C \longrightarrow 2Cu + CO_2$ となる。

□ 8 炭素は酸化という化学変化を，酸化銅は還元という化学変化を同時に起こしている。

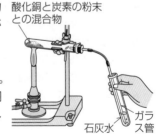

酸化銅と炭素の粉末との混合物

石灰水　ガラス管

得点
アップ
UP

◎酸素が関係する化学変化

▶酸素と結びつく化学変化で，光や熱を激しく出すものを燃焼という。

19 化学変化と量的関係

入試重要度
☆☆☆

問題 次の各問いに答えなさい。

解答

●化学変化による質量の変化

□ 1 以下の文の（　　）にあてはまる語句を入れよ。
A 硫酸と水酸化バリウムを混ぜると, 白色の
（ ① ）ができる。反応の前後で質量は（ ② ）。

B 炭酸水素ナトリウムに塩酸を加えると,
（ ③ ）が発生し, 反応後の質量は反応前と比
べて（ ④ ）。

C スチールウールを燃焼させると,（ ⑤ ）と結
びつき, 反応後の質量は反応前と比べて（ ⑥ ）。

□ 2* 化学変化の前後で, 反応に関係する物質全体の
質量は変わらない。この法則を何というか。

□ 3 銅 8 g を加熱すると, 酸化銅が 10 g できた。銅
と結びついた酸素は何 g か。

1 A ①沈殿
（硫酸バリウム）
②変わらない
B ③二酸化炭素
④小さくなる
C ⑤酸素
⑥大きくなる

解説 B：気体が空気中へ逃げる。
C：結びついた酸素の分だけ質量が増える。

2 質量保存の法則

3 2 g

解説 10−8＝2〔g〕

●化学変化と質量の割合

□ 4 0.6 g のマグネシウムを加熱すると,
酸化マグネシウムは 1.0 g できる。

□ 5 4.2 g の銅を加熱したとき, 加熱後
の質量が 5.2 g になった。酸素と反
応していない銅は 0.2 g である。

□ 6 一定の酸素と反応するマグネシウ
ムと銅の質量比は 3：8 となる。

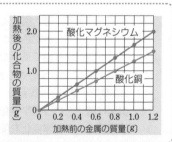

◎化学変化の規則性

得点
アップ
UP

▶化学変化の前後で, 原子の種類と数は変化しないことから, 質量も変化
しない。

▶化合物をつくる物質の質量の割合は一定である。

20 水溶液とイオン

入試重要度
☆☆☆

問題 次の各問いに答えなさい。

解答

◎水溶液と原子・イオン

□ 1* 右図で，それぞれ A・B・
Y の粒子の名称を答えよ。
A は＋の電気をもつ。
B は電気をもっていない。
Y は－の電気をもつ。

ヘリウム原子の構造

□ 2 以下の文の（　　）にあてはまる語句を入れよ。

A 水に溶かしたとき，その水溶液に電流が流れる物質を（ ① ），電流が流れない物質を（ ② ）という。

B 原子が電子を受けとると（ ① ）イオンに，電子を失うと（ ② ）イオンになる。

C 水に溶けてイオンに分かれることを（　　）という。

1 A 陽 子
B 中性子
Y 電 子

2 A ①電解質
②非電解質

B ①陰
②陽
C 電 離

解説 B：電子の受けわたしが行われることによって，原子がイオンになる。

◎塩化銅の電気分解

□ 3 塩化銅を水に溶かすと，水溶液中ではイオンに分かれ，そのようすを式で表すと，
$CuCl_2 \longrightarrow Cu^{2+} + 2Cl^-$ となる。

□ 4 電極 A では，銅イオンが電子を受けとって，銅原子になる。

□ 5 電極 B では，塩化物イオンが電子を失って，塩素原子になり，さらに，それらが結びつき，塩素分子になる。

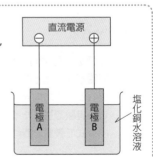

得点
アップ
UP

◎電気分解とイオンの変化
▶電気分解をすると，陰極(－極)では，陽イオンが電子を受けとり，陽極(＋極)では，陰イオンが電子を失う。

社会 理科 数学 英語 国語

21 化学変化と電池

入試重要度 ☆☆☆

問題 次の各問いに答えなさい。

解答

◉電流をとり出すしくみ

□ 1* 化学エネルギーを電気エネルギーに変える装置を何というか。

□ 2 電流をとり出すときに使う水溶液にはどんな性質があるか。

□ 3 銅板と亜鉛板を使って電流をとり出すとき，＋極はどちらの金属板か。

□ 4 金属板を変えずに，電流を多くとり出すにはどうすればよいか。

□ 5 以下の文の（　　）にあてはまる語句を入れよ。
A 充電ができない電池を（ ① ），自動車に使われている鉛蓄電池のように，充電できる電池を（ ② ）という。
B 水の電気分解とは逆の化学変化を利用して電気エネルギーをとり出す装置を（　　）という。

1 (化学)電池

2 電流を通す

3 銅 板
解説 電解質水溶液に溶けにくい金属のほうが＋極になる。

4 水溶液の濃度を高くする。
解説 ほかに，金属板の距離を狭くする方法もある。

5 A ①一次電池
　　②二次電池
B 燃料電池
解説 B：二酸化炭素の排出がない。

◉電池のしくみ

□ 6 右図の実験では，銅板が＋極，亜鉛板が－極となる。このとき流れる電流の向きはアである。

□ 7 この実験で生じたイオンは，イオン式で表すとZn^{2+}となる。

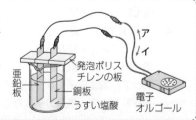

◉化学電池のしくみ

得点
アップ
UP

▶電解質水溶液と2種類の金属板を使って，電池をつくることができる。

▶溶けやすい金属は－極，溶けにくい金属は＋極になる。

22

酸・アルカリの性質と中和

入試重要度
☆☆☆

問題 次の各問いに答えなさい。

解答

社会

理科

数学

英語

国語

●酸・アルカリの性質

以下の文の(　　)にあてはまる語句を入れよ。

□ 1 酸性の水溶液には，次のような性質がある。

　　A リトマス紙を(①)色から(②)色に変える。

　　B BTB液を緑色から(　　)色に変える。

　　C 亜鉛などの金属を入れると，(　　)が発生する。

1　A ①青
　　　②赤
　　B 黄
　　C 水素

□ 2 アルカリ性の水溶液には，次のような性質がある。

　　A リトマス紙を(①)色から(②)色に変える。

　　B BTB液を緑色から(　　)色に変える。

　　C フェノールフタレイン液を(　　)色にする。

2　A ①赤
　　　②青
　　B 青
　　C 赤

●酸とアルカリとの反応

□ 4 右図のように，水酸化ナトリウム水溶液に
塩酸を 10 cm³ 加えると，中和の反応が起
こり，水溶液は緑色になった。

□ 5 次に，濃度が2倍の水酸化ナトリウム水溶
液 50 cm³ を用意して，同じ塩酸を 40 cm³
加えると，水溶液は緑色になった。

□ 6 酸の陰イオンとアルカリの陽イオンが結び
ついてできる物質を塩といい，この実験で
は塩化ナトリウム（食塩）が生じている。

こまごめ
ピペット

ビーカー

ガラス棒

塩酸

水酸化ナトリウム水溶液
25 cm³ ＋BTB液

得点
アップ
UP

◎酸性・アルカリ性の強さ

▶酸性やアルカリ性の度合いを表す指標を pH（ピーエイチ）という。

特集 2　図でチェック［化学］

問題 図を見て，[　　]にあてはまる語句や数値を答えなさい。

❶ 物質の溶解度

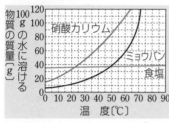

□ 1　60 ℃ の水 100 g に硝酸カリウムを溶かし飽和水溶液をつくった。このとき加えた硝酸カリウムの量は[110]g である。

□ 2　60 ℃ の水 100 g にミョウバン 30 g を溶かし，温度を下げていくと[45]℃ で結晶が出てくる。

□ 3　出てきた結晶をろ過してとり出したい。ろ過のしかたで正しいのは[ウ]である。

❷ 物質の状態と温度変化

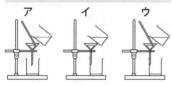

□ 1　ある液体を加熱すると沸騰を始める。液体が沸騰する温度を[沸点]という。

□ 2　左図で，液体が沸騰を始めたのは[B]点である。

□ 3　この物質の 1 の温度は[80]℃ である。

❸ 熱分解

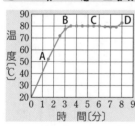

□ 1　左図の装置で，気体の集め方は[水上置換]法である。

□ 2　酸化銀を図の装置で加熱すると，発生する気体は[酸素]で，試験管に残る物質は[銀]である。

□ 3　酸化銀を加熱したときの変化を化学反応式で表すと，

$2[Ag_2O] \longrightarrow 4[Ag] + [O_2]$ となる。

④ 化学変化と質量の割合

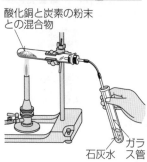

酸化銅と炭素の粉末
との混合物

石灰水　ガラス管

□ 1 左図で，酸化銅は[銅]に変化し，この
　　ときの化学変化を[還元]という。

□ 2 炭素は[二酸化炭素]に変わり，このと
　　きの化学変化を[酸化]という。

□ 3 酸化銅 2.0 g を図のようにして加熱し，
　　完全に反応させた。試験管内の物質の
　　質量は 1.6 g，発生した気体は 0.55 g
　　のとき，酸化銅をつくる銅と酸素の質
　　量比は[4：1]である。

⑤ 化学電池

亜鉛板　銅板

うすい硫酸

□ 1 左図で，銅板に発生した気体は[水素]である。

□ 2 水溶液中に溶け出す金属は[亜鉛]で，減少する
　　イオンは[水素]イオンである。

□ 3 2枚の金属板のうち，＋極になるのは[銅板]，
　　－極になるのは[亜鉛板]である。

⑥ 中和とイオン

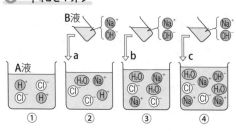

B液

① ② ③ ④

□ 1 A液は[塩酸]で，B液は
　　[水酸化ナトリウム水
　　溶液]である。

□ 2 ①〜④のうち，アルカ
　　リ性を示すのは[④]で
　　ある。

□ 3 上図では，中和の反応が起こっている。この反応をイオン式で書くと，
　　[$H^+ + OH^- \longrightarrow H_2O$]となる。

□ 4 中和の反応が起こっているのは，a 〜 c のうち[a と b]であり，③の水
　　溶液の pH を調べると，pH[7]となる。

23 花のつくり，生物の観察

入試重要度
☆☆☆

問題 次の各問いに答えなさい。

解答

◉生物の観察と花の特徴

□1 以下の文の（　）にあてはまる語句を入れよ。

A 顕微鏡のレンズは，（ ① ）レンズから先につける。倍率を高くすると，視野は（ ② ）なり，明るさは（ ③ ）なる。顕微鏡のレンズが接眼レンズ【15 ×】と対物レンズ【40】のとき，観察倍率は（ ④ ）倍になる。

B 双眼実体顕微鏡では，（ ① ）目から先にピントを合わせ，黒いものを見るには，（ ② ）色のステージ板がよい。

C ルーペで動かせるものを観察するとき，ルーペは（ ① ）に近づけて固定し，（ ② ）を動かしてピントを合わせる。

□2 アブラナの花粉の入った袋を何というか。

□3* 花のつくりでめしべの先端を何というか。

1 A ①接 眼
　 ②狭 く
　 ③暗 く
　 ④600

　 B ①右
　 ②白
　 C ①目
　 ②見るもの

解説 A 最初は低倍率で観察する。見えているものは，左右上下逆である。

2 や く

3 柱 頭

◉花のつくり

□4 図2のりん片は，図1のアからとったものである。

□5 図2のウの部分は，図3のオの部分と同じ役割をもつ。

図1　図2

図3

□6* 図3で，受粉後，オは種子に，カは果実になる。

□7 胚珠が子房に包まれているのは，図3で，被子植物という。

□8 胚珠がむき出しになっているのは，図1で，裸子植物という。

得点
アップ
UP

◉花のつくりとはたらき

▶被子植物は，花弁をつけ，昆虫が花粉を運ぶものが多い。

▶裸子植物は，主に風によって花粉が運ばれる。

24 植物のからだのつくり

入試重要度
☆☆☆

問題 次の各問いに答えなさい。

解答

●根・茎・葉のつくり

□ 1 図1のA, Bの根を何というか。

図1

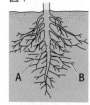

□ 2* 植物がつくった栄養分の通る管を何というか。

□ 3* 図2は, 葉の裏側に見られるつくりである。Cの名称を書け。

□ 4 Cから水蒸気が放出される。このはたらきを何というか。

□ 5 水蒸気のほかにCから放出される気体を2つ答えよ。

図2

1　A 主根
　　B 側根

2　師管

解説 道管は, 根から吸い上げた水や養分(肥料分)が通る管である。師管と道管を合わせて維管束という。

3　気孔

4　蒸散

5　酸素, 二酸化炭素

●葉のはたらき

□ 6 試験管B, Dは, 試験管A, Cを比較するためで, これを対照実験という。

□ 7 試験管Aで, 石灰水の変化がないのは, 植物の光合成のはたらきで, 二酸化炭素が使われたからである。

□ 8 試験管Cの結果からわかることは, 植物が呼吸をすることで, 二酸化炭素が放出されたことである。

※試験管A, Bにのみ, あらかじめ息を吹き込んだ。

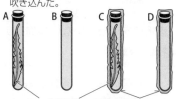

タンポポの葉　　アルミニウムはく

試験管	A	B	C	D
石灰水を入れたときの変化	なし	白く濁る	白く濁る	なし

得点
アップ
UP

◎植物のはたらき

▶光合成に必要な材料は, 二酸化炭素・水・光のエネルギーである。

25 植物の分類

入試重要度 ☆☆☆

問題 次の各問いに答えなさい。

解答

◎双子葉類と単子葉類

□ 1* 次の図は，双子葉類と単子葉類，どちらの植物のようすを表したものか。

葉のつくり　　茎の断面　　根のつくり

□ 2 1 のような葉脈は，何とよばれているか。

□ 3 1 の植物の子葉は，何枚あるか。

◎種子をつくらない植物

□ 4 CとDの植物の名称を答えよ。

A　　B　　C　　D

□ 5 維管束をもっていない植物をすべて選べ。

1 単子葉類
解説 双子葉類の維管束は，輪のように並んでいる。根は主根と側根がある。

2 平行脈
解説 双子葉類の葉脈は網目状（網状脈）である。

3 1 枚

4 C スギゴケ
　　D スギナ

5 B, C
解説 根のようなものは仮根とよばれ，水や養分はからだの表面全体から吸収する。

◎植物の分類

□ 6 右図のAに入る分類名は離弁花類である。

□ 7 被子植物と裸子植物を分けるときは，胚珠が子房に包まれているかどうかで判断する。

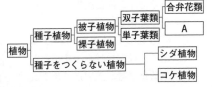

得点
アップ
UP

◎シダ植物とコケ植物のからだのつくり
▶どちらも胞子でなかまを増やす。
▶葉，茎，根の区別がある→シダ植物
　葉，茎，根の区別がない→コケ植物

生物

月　日

26 消化と吸収, 行動するためのしくみ

入試重要度
☆☆☆

問題 次の各問いに答えなさい。

解答

◉消化液と栄養分の吸収・運搬

□ 1* 消化液に含まれ, 消化のはたらきをする物質を何というか。

□ 2 唾液に含まれる 1 は何か。

□ 3 デンプンは 2 によって, 何という物質に分解されるか。

□ 4 タンパク質は, 最終的に何という物質に分解されるか。

□ 5* 脂肪が分解されると, どんな物質になるか。

□ 6 デンプンとタンパク質の分解された物質は, 柔毛のどこから吸収されるか。

◉感覚器官と神経

□ 7 光を感じる視細胞が多くあるところはどこか。

□ 8 音波で振動する膜を何というか。

□ 9 末しょう神経を2つに分けた神経の名称を書け。

◉刺激の伝わり方

1 消化酵素

2 アミラーゼ

3 麦芽糖

解説 最終的に, 小腸の壁の消化酵素によってブドウ糖に分解される。

4 アミノ酸

5 脂肪酸, モノグリセリド

解説 柔毛で吸収されると, 脂肪に戻る。

6 毛細血管

7 網膜

8 鼓膜

9 感覚神経, 運動神経

□ 10 肩をたたかれて振り返る場合, 右図で刺激が伝わり反応するまでの経路は D→B→A→Eとなる。

□ 11 熱いものにさわり, 手を引っ込めた場合の経路は D→C→Eとなる。

□ 12 11のような反応を反射という。

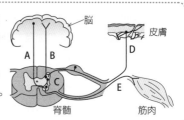

脳
皮膚
A　B
C
D
E
脊髄
筋肉

得点
アップ
UP

◉刺激に対する反応

▶反射は大脳とは無関係に起こるため, 短時間で反応し, 危険を避けるのに都合がよい。

社会

理科

数学

英語

国語

生物

月　日

27 呼吸，血液とその循環

入試重要度
☆ ☆ ☆

問題 次の各問いに答えなさい。

解答

●血液の成分と循環

□ 1★ 赤血球中の色素で，酸素を運ぶものは何か。

□ 2 栄養分や不要な物質を運ぶはたらきをする血液の成分は何か。

□ 3★ 心臓から送り出される血液が流れている血管を何というか。

□ 4★ 心臓に戻ってくる血液が流れている血管を何というか。

●呼吸と排出

□ 5 肺の中にある小さな袋を何というか。

□ 6 魚類の呼吸器官は何か。

□ 7 息を吸うとき，横隔膜はどうなるか。

□ 8★ アンモニアを尿素に変えるはたらきをする器官は何か。

□ 9 尿をためている器官を何というか。

1　ヘモグロビン
解説 酸素が多いところでは，酸素と結びつき，少ないところでは酸素をはなす。

2　血しょう

3　動脈

4　静脈
解説 血液の逆流を防ぐ弁があり，弁は心臓にもついている。

5　肺胞

6　えら

7　下がる

8　肝臓
解説 アンモニアはタンパク質の分解でできる。

9　ぼうこう

●血液の循環

□10 右図で，心臓→肺→心臓と血液が流れる道筋を肺循環といい，a の血管を肺動脈といい，静脈血が流れている。

□11 a～f の血管のうち，栄養分を最も多く含む血液が流れている血管は e，尿素が最も少ない血液が流れている血管は f である。

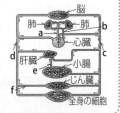

●血液の種類と血管
▶静脈血（二酸化炭素を多く含んだ血液）が流れている動脈は肺動脈で，動脈血（酸素を多く含んだ血液）が流れている静脈は肺静脈である。

28 生物

セキツイ動物と無セキツイ動物

月　日

入試重要度 ☆☆☆

問題 次の各問いに答えなさい。

●セキツイ・無セキツイ動物の特徴

□ 1* 子を産んでなかまをふやすふえ方を何というか。

□ 2 卵でふえるふえ方を何というか。

□ 3* 体温をほぼ一定に保っている動物を何というか。

□ 4 以下の文の(　)にあてはまる語句を入れよ。

　A からだが毛でおおわれ，肺で呼吸する動物は
　　（ ① ）類で，羽毛でおおわれ，卵でふえる動
　　物は（ ② ）類である。

　B ハ虫類は，からだの表面が（ ③ ）でおおわ
　　れ，（ ④ ）呼吸をする。両生類は，子のとき
　　は（ ⑤ ）呼吸と皮膚呼吸をし，親になると
　　（ ⑥ ）呼吸と皮膚呼吸をする。

　C 昆虫のからだは（ ⑦ ）つに分かれ，呼吸は
　　（ ⑧ ）で行われている。

●動物の分類

□ 5 A〜Eの動物で，体温を一定にできる動物はBとDである。

□ 6 子を産んでふえる動物は，A〜EのうちDである。

□ 7 フナは魚類のなかまである。

□ 8 バッタのように，からだが外骨格でおおわれている動物を節足動物という。

A フナ
B ハト
C カエル
D イヌ
E トカゲ

解答

1	胎生
2	卵生

解説 親が世話をする動物は，産む卵の数が少ない。

3	恒温動物
4	A ①ホ乳
	②鳥
	B ③うろこ
	④肺
	⑤えら
	⑥肺
	C ⑦3
	⑧気門

社会　理科　数学　英語　国語

得点アップ ●軟体動物

▶イカのようなからだとあしに節がない動物を軟体動物という。

93

29 細胞，生物の進化

入試重要度
☆ ☆ ☆

問題 次の各問いに答えなさい。

解答

●生物と細胞

□ 1* 右図の植物細胞で，A ～ E のうち，植物の細胞にだけ見られるつくりはどれか。すべて選び，その名称も答えよ。

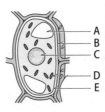

□ 2 染色液で染めると観察しやすいものは A ～ E のうちどれか。また，その名称も答えよ。

□ 3 多くの細胞からできている生物を何というか。

□ 4 胃や腸は，組織と器官のどちらにあたるか。

1 A，液胞
　　 B，細胞壁
　　 D，葉緑体

2 C，核

3 多細胞生物

解説 多細胞生物は，形やはたらきが同じ細胞が集まって組織をつくり，組織が集まり器官をつくっている。

4 器官

●生物の進化

□ 5 シソチョウが発見された地層の年代は中生代である。

□ 6 図1から，この生物はハ虫類と鳥類の特徴をもっていることがわかる。

□ 7* 図2で，カエルの前あし，ハトの翼，イヌの前あしは，形もはたらきも大きく異なるが，骨格の基本的なつくりがよく似ている。このような器官を相同器官という。

□ 8 ホ乳類を除くセキツイ動物のなかまについて，進化したと考えられる順序は，魚類→両生類→ハ虫類→鳥類である。

図1

骨格　　　外見(想像図)

図2 カエル　ハト　イヌ

(前あし)　(翼)　(前あし)

得点
アップ
UP

●生物の進化

▶セキツイ動物の進化は，魚類→両生類→ハ虫類→鳥類となる。

▶植物の進化は，コケ植物→シダ植物→裸子植物→被子植物となる。

30 生物の成長と細胞分裂

入試重要度 ☆☆☆

問題 次の各問いに答えなさい。

解答

●細胞分裂

□ 1 下の図は細胞を観察するときの手順である。薬品 X と Y はそれぞれ何か。

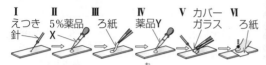

I えつき針　II 5%薬品 X　III ろ紙　IV 薬品Y　V カバーガラス　VI ろ紙

□ 2 VIで，ろ紙の上から指で押すのはなぜか。

□ 3* 次の A ～ E を細胞分裂の順に並べかえよ。

 A Z　 B　 C　 D　 E

□ 4 上の図の Z は何か。

□ 5 細胞分裂のあと，Z の数はどうなるか。

1　X 塩　酸
　　Y 酢酸カーミン液
　　（酢酸オルセイン液）

2　細胞の重なりをなくすため。

3　B→A→D→C
　　→E

解説 動物の細胞分裂では，植物細胞のようなしきりはできない。細胞の中央が外側からくびれて分かれる。

4　染色体

5　変わらない

●生物の成長

□ 6 ソラマメの根に，等間隔に印をつけた。2 ～ 3 日後の根のようすで正しいのは，右図のウとなる。

□ 7 根は先端近くで，細胞分裂を盛んに行い，さらにその細胞が分裂前の細胞と同じ大きさになることで，成長している。

□ 8* 根の部分で，細胞分裂が盛んに行われているところを成長点という。

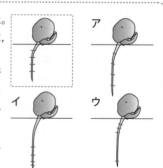

ア　イ　ウ

得点アップ

◎細胞分裂と成長
▶体細胞分裂のとき，染色体の数は変わらない。
▶細胞分裂が盛んなところは，根・茎の先端に近い部分である。

31 生物のふえ方と遺伝

入試重要度
☆☆☆

問題 次の各問いに答えなさい。

解答

●生物のふえ方

□ 1★ 雌雄に関係ないなかまのふえ方を何というか。

□ 2★ 受精してなかまをふやすふえ方を何というか。

□ 3 1つの細胞の受精卵が, 体細胞分裂をくり返して成体(親)になるまでの間を何というか。

□ 4 ヒキガエルの発生の時期をはやいものから順に並べよ。

ア 　イ 　ウ 　エ

□ 5 受粉後, 花粉が胚珠へ向けて伸ばすものは何か。

□ 6 5 の中を移動するものは何か。

1　無性生殖

解説 からだが2つに分かれる分裂, からだの一部に突起ができる出芽, 根・茎・葉の一部から個体ができる栄養生殖がある。

2　有性生殖

3　発 生

4　エ→ア→ウ→イ

5　花粉管

6　精細胞

解説 卵細胞と受精する。

●遺 伝

□ 7 ①に入る遺伝子はA, ②に入る遺伝子はa である。

□ 8 子はすべて丸い種子であった。③と④に入る遺伝子はAaとなる。

□ 9 ⑦に入る遺伝子はAA, ⑧はAa, ⑨はaaである。

　このとき, 丸い種子としわのある種子の比は3:1になる。

□ 10 遺伝子の本体はDNAとよばれる物質で, 染色体の中にある。

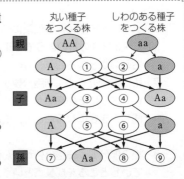

●生物の生殖

▶生殖細胞をつくるとき, 染色体の数が半分になる減数分裂が起こる。

生物

月　日

32 微生物と生物のつりあい

入試重要度
☆☆☆

問題 次の各問いに答えなさい。

解答

社会

理科

数学

英語

国語

◉生物どうしのつながりとつりあい

□ 1 生物と生物のすむ環境との1つのまとまりを何
というか。

□ 2* 食べる・食べられるの関係を何というか。

□ 3 2の関係で, 生産者はどのような生物か。

□ 4 次の説明にあてはまる生物を図のA〜Dから
すべて選べ。

① 自分で栄養分をつくっ
ている生物

② ほかの生物から栄養
分を得ている生物

生物A
生物B
生物C
生物D

□ 5 図の生物Bの数が何らかの
理由で一時的に増えると,
生物Aの数と生物Cの数はそれぞれどうなるか。

1 生態系

2 食物連鎖

3 植物, 藻類など
解説 動物は消費者とよばれる。

4 ①D
②A, B, C

5 (生物A)増える
(生物C)減る

◉炭素の循環

□ 7 Aの生物は, 二酸化炭素と水をと
り入れ, 酸素と有機物をつくり出
す。このはたらきを光合成という。

□ 8 ①〜④の矢印のうち, 無機物とし
ての炭素の移動を示しているもの
は①と④である。

大気中の二酸化炭素

A → B → C
① ②
生物の遺骸や排出物
③ → D
④

□ 9 Dの生物は菌類や細菌類のなかまである。これらの微生物は, 有機物
を無機物に分解するはたらきをし, 分解者とよばれている。

得点
アップ
UP

◉生態系における植物

▶植物は生態系のなかで, いちばん数量が多い。生態系を支えている存在
であり, 植物がなくなると, 動物もいなくなってしまう。

97

特集 3　図でチェック［生物］

問題 図を見て，[　　]にあてはまる語句や数値を答えなさい。

① 裸子植物と被子植物のつくり

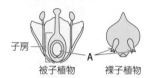

子房

A

被子植物　　裸子植物

□ 1 Aは[胚珠]で，受粉が起きると種子になる。

□ 2 [裸子植物]は子房がなく，Aがむき出しになっている。

② 葉のはたらき

A	B	C	D
油	油	油	油
水	水	水	水
葉の表側にワセリンをぬった。	葉の裏側にワセリンをぬった。	葉に何も手を加えなかった。	すべての葉を切りとった。

植　物	A	B	C	D
はじめの全体の質量[g]	85.0	85.2	84.7	84.1
しばらく後の全体の質量[g]	83.5	84.5	X	83.9

□ 1 水面に油を浮かべたのは[水の蒸発]を防ぐためである。

□ 2 表で，全体の質量が減少したのは，植物の[蒸散]というはたらきによる。

□ 3 表の X は[82.7]g である。

□ 4 水は，植物のからだの中の[道管]という管を通して移動する。

③ 唾液のはたらき

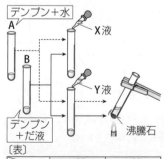

デンプン＋水

A

X液

B

Y液

デンプン＋だ液

沸騰石

〔表〕

	X液	Y液
試験管A	青紫色	変化なし
試験管B	変化なし	赤褐色

□ 1 左図の X 液は[ヨウ素(溶)液]，Y 液は[ベネジクト溶液]である。

□ 2 表の結果から，デンプンは唾液のはたらきによって，麦芽糖などに[分解]された。

□ 3 消化液の中に含まれていて，決まった物質にだけはたらくものを[消化酵素]という。

□ 4 試験管 A，B を 40 ℃ の湯につけるのは，唾液が[体温]に近い温度で最も活発にはたらくからである。

④ 被子植物の受精

図1

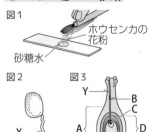

砂糖水　ホウセンカの花粉

図2　　図3

□ 1　図1の砂糖水は，植物の[柱頭]の部分と同じ状態にするためである。

□ 2　図2のXは，図3ではYで表されている。これらを[花粉管]という。

□ 3　図3のA～Dで，精細胞は[B]，卵細胞は[C]である。

□ 4　受精によってできた受精卵は，体細胞分裂をくり返して[胚]になる。

⑤ 遺伝の法則

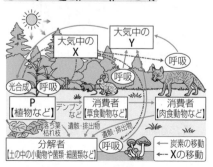

すべて丸い種子（子）

↓まいて育てる。

自家受粉させる。

↓

丸い種子としわのある種子（孫）

□ 1　左図で，丸い種子をつくる純系としわのある種子をつくる純系をかけ合わせると，子がすべて丸い種子になった。この丸い種子の形質を[顕性]という。

□ 2　丸い種子をつくる遺伝子A，しわのある種子をつくる遺伝子をaと表すとき，左図の子の遺伝子は[Aa]となる。

□ 3　孫の代では，丸い種子としわのある種子が現れる割合は[3：1]である。

⑥ 食物連鎖と物質の循環

大気中のX
大気中のY
（呼吸）
（呼吸）
光合成　呼吸
P【植物など】
テンプンなど
消費者【草食動物など】
消費者【肉食動物など】
落ち葉枯れ枝
遺骸・排出物
遺骸・排出物
分解者【土の中の小動物や菌類・細菌類など】
（呼吸）
← 炭素の移動
←-- Xの移動

□ 1　Pは，自然界では[生産者]とよばれている。

□ 2　大気中の気体Xは[酸素]，Yは[二酸化炭素]である。

□ 3　炭素の移動を示す矢印で，不足しているのは[Pの呼吸→大気中のY]である。

33 火山活動と火成岩

問題 次の各問いに答えなさい。

解答

◉火山とマグマ

□ 1 火山の噴出物の中で、直径が 2 mm 以下の粒を何というか。

□ 2 火山ガスの中に含まれる気体を 2 つ答えよ。

□ 3 Aのような形の火山をつくるマグマの粘り気には、どのような特徴があるか。

□ 4 噴出物が最も黒っぽいのは A 〜 C のどれか。

□ 5 雲仙普賢岳は、A 〜 C のどのような形の火山をつくっているか。

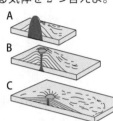

1 **火山灰**

解説 溶岩、火山弾、火山れきなどがある。

2 **水蒸気、二酸化炭素（二酸化硫黄、硫化水素など）**

3 **粘り気が強い**

4 **C**

解説 マグマの粘り気が弱いほど、黒っぽい。

5 **A**

◉火成岩

□ 6* 図1はマグマが地下の深いところでゆっくり冷やされてできたもので、このような火成岩を深成岩という。

□ 7* 図2はマグマが地下の浅いところで急に冷やされてできたもので、このような火成岩を火山岩という。

□ 8* 図1の火成岩のつくりを等粒状組織、図2のつくりを斑状組織という。また、dのような大きな結晶を斑晶という。

□ 9 aは黒っぽい色で、板状にうすくはがれる性質をもっていることからクロウンモ、cは無色や白色で、不規則な形をした鉱物であることからセキエイである。

図1

— a
— b
— c

図2
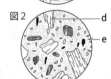
— d
— e

得点アップUP

◎花こう岩と安山岩

▶上の図1と図2のつくりで、花こう岩は図1、安山岩は図2のつくりである。

34 地　震

問題 次の各問いに答えなさい。

解答

●地震のゆれと原因

□ 1* 地震のゆれには，①はじめの小さなゆれと，②あとからくる大きなゆれがある。それぞれ①，②のゆれを何というか。

□ 2 地震のゆれの大きさを表したものを何というか。

□ 3* 地震の規模を表したものを何というか。

□ 4 地震が発生した場所を何というか。

□ 5 地球の表面をおおっている岩盤を何というか。

□ 6 地震によって引き起こされる大きな海の波を何というか。

1　①初期微動
　　②主要動

2　震　度

解説 0〜7の10段階に分けられている。

3　マグニチュード

4　震　源

5　プレート

6　津　波

社会　理科　数学　英語　国語

●地震波の記録

□ 7 右図のX波は，伝わる速さが速いP波で，この波によるゆれを初期微動という。

□ 8 右図のZの時間を初期微動継続時間といい，震源からの距離と，比例の関係にある。

□ 9 この地震の発生時刻は10時25分10秒である。

□10 右の図の地域では，X波のゆれが伝わる速さは整数で，7km/s，Y波のゆれが伝わる速さは3km/sである。

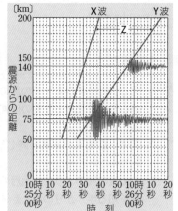

得点アップUP

◎地震のゆれ

▶地震のゆれには，最初の小さなゆれである初期微動とそのあとにくる大きな主要動がある。

▶初期微動継続時間は，震源からの距離に比例する。

35 地層のつくり

問題 次の各問いに答えなさい。

解答

●地層のでき方・堆積岩・化石

□1 自然のはたらきで，岩石がくずれていくことを何というか。

□2 れき・砂・泥のうち，河口や岸に近い場所に堆積しやすいのは何か。

□3* 火山灰が固まってできた堆積岩を何というか。

□4 石灰岩やチャートは何が堆積してできた岩石か。

□5 右図の化石の名称を答えよ。

□6 5 の化石は，何時代のものか。

□7* 地層が堆積した年代を推定するのに役立つ化石を何というか。

□8 地層の堆積した当時の環境を知るのに役立つ化石を何というか。

1 風化

2 れき
解説 粒が大きいものは，遠くへ運ばれない。

3 凝灰岩

4 生物の死がい
解説 石灰岩やチャートは，塩酸を落として，気体が発生するかどうかで区別する。発生すれば，石灰岩。

5 アンモナイト

6 中生代

7 示準化石

8 示相化石

●地層の広がり

□9 図で，P 地点の A 〜 F の層のうち，最も新しく堆積したものは A である。

□10 図で，Q 地点の e 層と同じ層は，P 地点の F である。

□11 火山灰の層のように，地層の広がりを知る手がかりの層をかぎ層という。

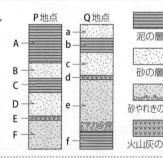

泥の層

砂の層

砂やれきの層

火山灰の層

得点
アップ
UP

◎堆積岩の特徴と化石

▶堆積岩をつくっている粒は丸みを帯びている。

▶示相化石は環境，示準化石は年代を知る手がかりとなる化石である。

36 大地の変動

入試重要度
☆☆☆

問題 次の各問いに答えなさい。

◉大地の変動と地形

解答

□1　陸のプレートと海のプレートがぶつかってできる海底のへこんだ細長い溝状の地形を何というか。

□2* 地層がある面でくいちがっているものを何というか。

□3　連続して平行に重なっている地層の重なり方を何というか。

□4　不整合の面は, 何があったことを表しているか。

□5　陸地の沈降によってできた出入りの複雑な海岸を何というか。

□6　川の両岸にある階段状の地形を何というか。

1 **海　溝**

2 **断　層**
解説 地震の発生にともなって形成される。

3 **整　合**

4 **隆起して侵食されたこと**
解説 過去の大地の変動を知る手がかりになる。

5 **リアス海岸**

6 **河岸段丘**

◉地形や地層からわかる大地の変動

□7* 図1のように, おす力がはたらいて, 地層が波打つように曲げられたものをしゅう曲という。

図1

もとの地層。㋹⇨ おす力がはたらく。 ㋹⇨ さらにおす力がはたらく。

□8　図2のような地形を海岸段丘といい, 土地が隆起することによってできた。

□9　一番はじめにできた段丘面はA〜CのうちCである。

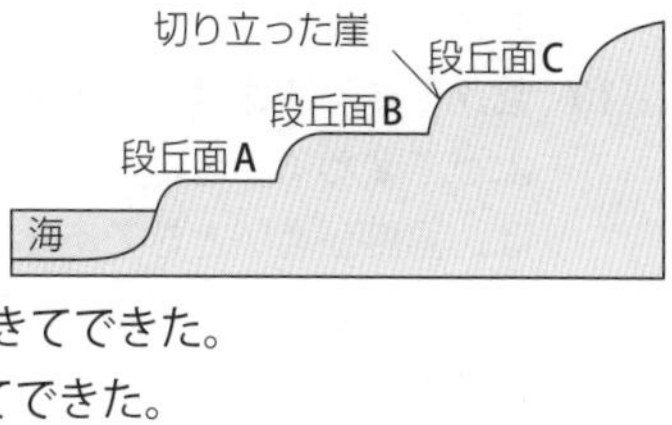

□10　図2の地形は, 8 の変動が3回起きてできた。

□11　切り立った崖は, 波の侵食によってできた。

図2

切り立った崖
段丘面C
段丘面B
段丘面A
海

得点
アップ
UP

◉大地の変動と地形

▶土地の隆起により, 海岸段丘や河岸段丘ができる。

▶土地の沈降により, リアス海岸や多島海ができる。

37 気象の観測と大気中の水蒸気

入試重要度 ☆☆☆

問題 次の各問いに答えなさい。

解答

◎気象の観測と大気中の水蒸気

□ 1　気象で用いる気圧の単位は何か。

□ 2*　風向は，風が吹いていく方向か。吹いてくる方向か。

□ 3　風向は，いくつの方角を使って表すか。

□ 4　乾湿計で，湿球と乾球の示度の差がないときの湿度は何％か。

□ 5*　空気1m³中に含むことができる最大の水蒸気量を何というか。

□ 6　雲をつくっている粒は何か。

□ 7　小さな水滴が地表付近に浮かんでいるものを何というか。

1　ヘクトパスカル
　（hPa）

2　吹いてくる方向

3　16方位

4　100％
　解説 示度の差が大きいほど湿度は低い。

5　飽和水蒸気量
　解説 飽和水蒸気量は，気温によって変わる。

6　水滴や氷の結晶

7　霧

◎雲のでき方

□ 8　一般に，雲は上昇気流が起こっているところに発生しやすい。

□ 9*　右図の A の高さになると，雲が発生しはじめる。これは空気中の水蒸気が水滴に変わったからである。このときの温度を露点という。

□ 10　雲ができる高さは，上昇する空気の湿度によって変わる。低いところに雲ができるのは，湿度が高いときである。

□ 11　雨や雪として地表に落ちてくることを降水という。

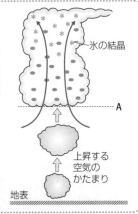

氷の結晶

A

上昇する
空気の
かたまり

地表

得点
アップ
UP

◎大気中の水蒸気

▶晴れの日は，湿度グラフと気温グラフは逆の変化をたどる。

地学

38 気圧・前線・気団

入試重要度 ☆☆☆

問題 次の各問いに答えなさい。

◎大気とその動き

□ 1* 以下の文の（　　）にあてはまる語句を入れよ。

A 等圧線は，ふつう（①）hPaを基準に，（②）hPaごとは細い実線で結び，（③）hPaごとは太い実線で結ぶ。

B 等圧線の間隔が狭い所では，気圧の差が（④）ため，風力は（⑤）なる。

□ 2 高気圧や低気圧の地表付近では，それぞれどのような大気の流れがあるか。次のア〜エから選べ。

□ 3 天気がくもりや雨になりやすいのは，高気圧・低気圧のどちらが近づいたときか。

◎前線と天気

□ 4 右図で，前線 X，Y をともなう低気圧の中心付近の気圧は，996 hPa である。

□ 5* 前線 X は寒冷前線，Y は温暖前線である。

□ 6 福岡で前線 X が通過すると，短時間の雨が降り，風向が北よりに変わり，気温が下がる変化が起こる。

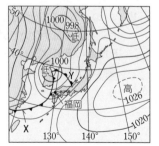

解答

1 A ①1000 ②4
③20
B ④大きい
⑤大きく（強く）

解説 気圧の高い方から低い方へ風が吹く。地球の自転により，北半球では右にそれる。

2 （高気圧）イ
（低気圧）エ

3 低気圧

解説 低気圧の中心付近では，上昇気流が発生し，雲ができる。

◎前線と雲

▶暖気が寒気の上にはい上がってできるのが温暖前線で，乱層雲を生じる。

▶寒気が暖気の下にもぐり込んでできるのが寒冷前線で，積乱雲を生じる。

社会　理科　数学　英語　国語

39 天気図と天気予報

入試重要度
☆☆☆

問題 次の各問いに答えなさい。

解答

◎大気の流れと天気の変化

□ 1 中緯度地域で，一年中吹いている西風を何というか。

□ 2 日本付近の天気は，どの方角から変わるか。

□ 3 日中に海から陸へ向かって吹く風を何というか。

□ 4 冬の天気に影響を与える気団は何か。

□ 5 夏の天気に影響を与える気団は何か。

□ 6* 冬の気圧配置を一般に何型というか。

□ 7 春や秋に中国大陸で発生し，周期的に日本へやってくる高気圧を何というか。

1 偏西風

2 西
解説 偏西風により，高気圧・低気圧や前線は，西から東へ移動する。

3 海風

4 シベリア気団

5 小笠原気団

6 西高東低型

7 移動性高気圧

◎天気変化の規則性

□ 8 右図のAで，P地点の風向は北，風力は4，天気は雨である。

□ 9* 右図のA・Bから，低気圧や高気圧は，東西南北のうち，西から東へ移動している。

□ 10 9のような変化が起こるのは，日本付近を偏西風が吹いているからである。

□ 11 P地点の天気は，4月21日15時には晴れと予想される。

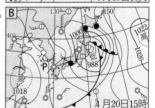

得点
アップ
UP

◎天気の変化と季節の天気
▶日本付近の天気は，西から東へ変化していく。
▶冬の気圧配置は西高東低型，夏は南高北低型になることが多い。

40 天体の日周運動と自転

入試重要度
☆☆☆

問題 次の各問いに答えなさい。

解答

● 1日の動き

□ 1 地球を中心とした仮想の球面を何というか。

1　天　球

□ 2 太陽や星の日周運動の向きは、どの方角か。

2　東から西

□ 3 天体が真南にくることを何というか。

3　南　中

□ 4 天体の日周運動は、何による見かけの動きか。

4　地球の自転

□ 5* 次の図で、星の動きは「A → B」「B → A」のどちらか。また、どの方角の星の動きか。

5　①A → B，北，
　　②B → A，東

①
②

□ 6　5 は、2時間写真をとり続けたときのようすをスケッチしたものである。x は何度になるか。

6　30　度

● 太陽の日周運動

□ 7 図1の透明半球に太陽の位置(●印)を記録するとき、フェルトペンの先の影はOに重なるようにする。

□ 8 図1の透明半球上で南を表しているのはAである。

□ 9 図2から観測した日の昼の長さは14時間20分と考えられる。

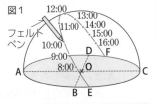

図1

12:00
13:00
11:00　14:00
フェルト　　　15:00
ペン　10:00　16:00
9:00
8:00　D F
A　　　　　O　　　　C
B E

図2

E　8:00　10:00　12:00　14:00　16:00　F
　　9:00　11:00　13:00　15:00
　3cm 3cm 3cm 3cm 3cm 3cm 3cm 3cm 3cm
　　　　　　　　43cm

得点
アップ
UP

◎天体の日周運動
▶太陽は、南中したとき高度が最大になる。
▶太陽や星が動く速さは、1時間に15度である。

社会　理科　数学　英語　国語

41 天体の年周運動と季節の変化

入試重要度
☆☆☆

問題 次の各問いに答えなさい。

解答

●年周運動

□ 1 星が南中する時刻は，1日につき何分ずつ変化するか。

□ 2 太陽の年周運動によって動く天球上の道筋を何というか。

□ 3* 地球の年周運動は何によって起こっているか。

□ 4 次の図を見て，あとの問いに答えよ。

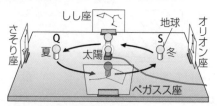

① 地球が Q の位置にあるとき，ペガスス座が南中するのはいつ頃か。

② 地球が S の位置にあるとき，夕方，東の空にのぼってくる星座は何か。

1 4 分
解説 1日に1度ずつ変化する。

$$\frac{24h/day \times 60min/h \times 60sec/min}{360°}$$
$$=240\ sec/day = 4\ min/day$$

2 黄 道

3 地球の公転

4 ①明け方（6 時頃）
解説 地球が Q の位置にあるときは，明け方，さそり座は西の空に見え，ペガスス座は南中する。

②オリオン座
解説 地球が S の位置にあるときは，夕方，オリオン座は東の空に，ペガスス座が南中する。

●季節の変化

□ 5 大阪で観測したとき，1日の昼間と夜間の長さがほぼ等しい位置はA と C である。

□ 6* 東京で観測したとき，1年のうちで，最も南中高度が低い位置は D である。

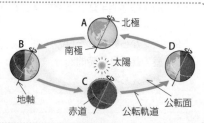

得点
アップ
UP

●南中と南中高度
▶南中…天体が，天頂より南側で子午線を通ること。
▶南中高度…天体が南中したときの高度。

42 太陽系とその他の天体

問題 次の各問いに答えなさい。

解答

◎太陽と月

□1 太陽の表面で黒く見える部分を何というか。

□2 1が動くことから何がわかるか。

□3* 月に見られるくぼ地を何というか。

□4 日食は，月がどのような形のときに起きるか。

□5 月食は，月がどのような形のときに起きるか。

1 黒点

2 太陽の自転

3 クレーター

4 新月

5 満月

解説 日食のときは「太陽－月－地球」の順に，月食のときは「太陽－地球－月」の順に並ぶ。

◎太陽系

□6 太陽のまわりを公転している天体を何というか。

□7 6のまわりを公転する天体を何というか。

□8* 太陽のように，自分で光を出している天体を何というか。

□9 地球型惑星をすべて答えよ。

6 惑星

7 衛星

8 恒星

9 水星，金星
　地球，火星

◎金星の満ち欠け

□10 図1で，地球の自転の向きはaである。

□11 地球から，夕方に西の空で金星が見えるのは，イとウの位置にあるときで，よいの明星とよばれている。

図2

A　B　C　D

※図は，望遠鏡で観察した像をさかさにして，肉眼で見たときの見え方に直してある。

□12 図2のBのように見えるとき，金星は図1のエの位置にある。

□13 図2のA～Dの中で，金星の大きさが最も小さく見えるのはAである。

得点アップ

◎惑星の満ち欠け

▶金星は，地球の内側を公転しているため，真夜中に見ることができない。

43 いろいろなエネルギーとその移り変わり

入試重要度 ☆☆☆

問題 次の各問いに答えなさい。

解答

●いろいろなエネルギーと変換

□ 1 ゴムやばねがもつエネルギーを何というか。

□ 2 化学変化で仕事をするエネルギーを何というか。

□ 3 モーターは何エネルギーを何エネルギーに変え
ているか。

□ 4* 使ったエネルギーに対する利用できるエネル
ギーの割合を何というか。

□ 5 水力・火力・原子力発電で，2 のエネルギー
を熱に変えているのはどれか。

□ 6* 水や空気などが循環して熱が全体に伝わること
を何というか。

1 **弾性エネルギー**

2 **化学エネルギー**

解説 石油や電池など。

3 **電気エネルギー**
　を運動エネルギー
　に変えている

4 **変換効率**

解説 エネルギーが変換さ
れるとき，熱エネルギーと
なって失われるものが多い。

5 **火力発電**

6 **対　流**

●エネルギーの移り変わり

□ 7 右図のエネルギーの変換の流れは，
蛍光灯が，電気エネルギーを光エネ
ルギーに変え，それが光電池で電気
エネルギーになる。モーターは，お
もりを引き上げたので，最終的に位
置エネルギーに変わる。

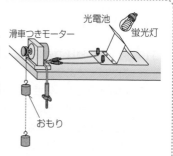

滑車つきモーター　　　光電池　　蛍光灯

おもり

□ 8 右図で，1.5 N のおもりを 80 cm 引
き上げたとき，得られる位置エネル
ギーは 1.2 J になる。

□ 9 7 で，蛍光灯が光電池に与えた電気エネルギーを40Jとすると，おもりが
得たエネルギーに変換されたときのエネルギー変換効率は 3 % である。

得点
アップ
UP

●エネルギーの移り変わり

▶エネルギーは，互いに別のエネルギーに移り変わることができる。

44 科学技術の発展と自然環境

入試重要度
☆☆☆

問題 次の各問いに答えなさい。

解答

●エネルギーの利用と科学技術

□ 1* 太陽光・風力など，いつまでも利用できるエネルギーを何というか。

1 再生可能エネルギー

□ 2 ロボットなどに搭載される過去のデータから人間の脳のような役割をするものを何というか。

2 AI（人工知能）

●自然と災害

□ 3 地球の気温が高くなることを何というか。

3 地球温暖化

□ 4 強い酸性を示す雨を何というか。

4 酸性雨

□ 5 予想される災害の程度や範囲，避難場所などをかいた地図を何というか。

5 ハザードマップ（災害予測図）

●自然環境の保全

□ 6 サトウキビなどの植物が光合成をすることで，大気中からとり入れている気体は**二酸化炭素**である。

□ 7 図の **X** は，サトウキビや廃木材を発酵・蒸留してつくったもので，**ガソリン**のかわりになる燃料として注目されている。この燃料を**バイオエタノール**という。

□ 8* 右図のサイクルでは，二酸化炭素の量が増加しないと考える。これを**カーボンニュートラル**という。

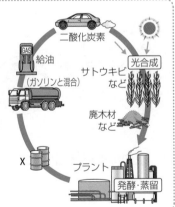

二酸化炭素

給油
（ガソリンと混合）

光合成

サトウキビ
など

廃木材
など

X

プラント

発酵・蒸留

得点
アップ
UP

◎ 3 R

▶リデュース…物を大切に使い，ごみを減らすこと。

▶リユース…使えるものは，くり返し使うこと。

▶リサイクル…ごみを資源として，再び利用すること。

特集 4　図でチェック［地学］

問題 図を見て，[　]にあてはまる語句や数値を答えなさい。

1 地震

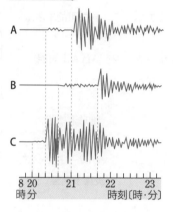

□ 1 地震が発生すると，主要動を引き起こす[S]波があとからやってくる。

□ 2 左図で，震源に最も近いのは[C]である。

□ 3 A地点とB地点では，主要動の始まる時刻が40秒ずれている。主要動を起こす波が岩石中を伝わる速さは，この地域ではおよそ4 km/sだから，A地点とB地点の震源からの距離は，およそ[160]km離れている。

2 大地の変化

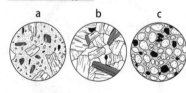

□ 1 地層として積もったれき・砂・泥などが固まってできた岩石を[堆積岩]という。

□ 2 左のa～cのスケッチで，1の岩石は[c]にあたる。

3 飽和水蒸気量と湿度

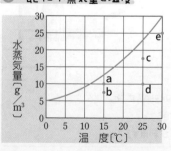

□ 1 a～eのうち，最も湿度が低い空気は[d]である。

□ 2 a～eの空気のうち，露点が同じ空気は[aとd]である。

□ 3 空気eの温度を10℃まで下げると，空気1 m³あたり約[16]gの水蒸気が水滴となる。

4 季節の天気図

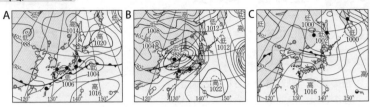

- □ 1 上図は，春・梅雨・夏の天気図である。A は[梅雨]，B は[春]，C は[夏]の天気図である。

- □ 2 A では寒気団と暖気団がぶつかって前線ができている。この寒気団の名前は[オホーツク海気団]である。

- □ 3 C の季節には台風が発生する。台風は最大風速が毎秒[17.2]m 以上の熱帯低気圧をいう。

5 星の日周運動と年周運動

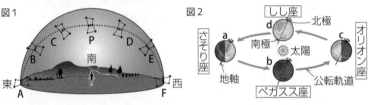

図1

図2

- □ 1 図1で，オリオン座を P の位置で観察したとき，地球は図2の[c]の位置にある。

- □ 2 この日からオリオン座を継続して同じ時刻に観察し，E の位置に見ることができるのは[2]か月後である。

6 月の位置と時刻

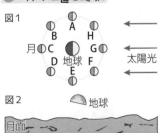

図1

図2 地球

月面

- □ 1 図1で，G のときの月を[新月]という。

- □ 2 図2は，月面から地球を観察したときのスケッチである。地球の半分だけが輝いて見えるのは，図1で，月が[A と E]の位置にあるときである。

1 正の数・負の数

入試重要度
☆☆☆

問題 次の各問いに答えなさい。

解答

得点 アップ げP　絶対値

①正の数は，絶対値が大きいほど**大きい**。

②負の数は，絶対値が大きいほど**小さい**。

□ 1　-4.2 の絶対値をいいなさい。

□ 2* 次の数を絶対値の小さい順に並べなさい。

$-3,\ 0,\ -0.9,\ \dfrac{1}{5}$

□ 3　絶対値が 3 以下の整数は何個ありますか。

1　4.2

2　$0,\ \dfrac{1}{5},\ -0.9,\ -3$

3　7 個

解説 $-3,\ -2,\ -1,\ 0,$
$1,\ 2,\ 3$

得点 アップ げP　累乗の計算

負の数の累乗の指数が $\begin{cases} \text{偶数のとき，積の符号は，} + \\ \text{奇数のとき，積の符号は，} - \end{cases}$

次の計算をしなさい。

□ 4　$-9-(-7)$

□ 5　$\dfrac{1}{8}-\dfrac{5}{12}+\dfrac{13}{24}$

□ 6　$(-6)\times(-7)$

□ 7　$(-3)^3\div9$

□ 8* $(-2)^2\times5\div(-10)$

4　-2

5　$\dfrac{1}{4}$

6　42

7　-3

解説 $(-3)^3$
$=(-3)\times(-3)\times(-3)$

8　-2

得点 アップ げP　四則混合計算

計算の順序は，累乗・かっこの中 ➡ 乗除 ➡ 加減

次の計算をしなさい。

□ 9　$-16\div4-(-3)\times(-2)$

□ 10　$2^2-(-1)^2\div\left(-\dfrac{1}{3}\right)$

□ 11* $5^2+\{9-24\div(-8)\}\times(-2)$

□ 12* $(-6)^2\times3.14+(-8)^2\times3.14$

9　-10

10　7

11　1

12　314

解説 $(36+64)\times3.14$
$=100\times3.14$

2 式の計算

問題 次の各問いに答えなさい。

解答

得点 アップ じP　**多項式の計算**

かっこのついた式の計算 ➡ 分配法則でかっこをはずし，同類項をまとめる。

次の計算をしなさい。

□ 1　$5a - 7b - 2a + 4b$

□ 2　$(6x - 3y) + (8y - 2x)$

□ 3　$(8x - 12y + 4) \div \dfrac{4}{3}$

□ 4*　$2(3a - 2b) - 5(2a - b)$

□ 5　$\dfrac{3x + y}{2} - \dfrac{x - 2y}{3}$

1　$3a - 3b$

2　$4x + 5y$

3　$6x - 9y + 3$

4　$-4a + b$

5　$\dfrac{7x + 7y}{6}$

解説 通分する。
$\dfrac{3(3x + y) - 2(x - 2y)}{6}$

得点 アップ じP　**単項式の乗除**

乗除の混じった式の計算 ➡ 除法は乗法になおして計算する。

次の計算をしなさい。

□ 6　$(-2a) \times 4b$

□ 7　$\dfrac{3}{4}ab^2 \div \left(-\dfrac{3}{8}ab\right)$

□ 8*　$6a^2b \div 10ab \times 5b$

□ 9　$12xy^2 \times 8x^2y \div (-2xy)^2$

6　$-8ab$

7　$-2b$

8　$3ab$

9　$24xy$

解説
$12xy^2 \times 8x^2y \times \dfrac{1}{4x^2y^2}$

得点 アップ じP　**等式の変形**

○ について解く ➡ 等式の性質を利用して，○＝～ の式に変形する。

次の等式を〔　〕内の文字について解きなさい。

□ 10*　$4a + 5b = 3$　〔b〕

□ 11　$S = \dfrac{m(x + y)}{2}$　〔m〕

10　$b = \dfrac{3 - 4a}{5}$

11　$m = \dfrac{2S}{x + y}$

解説 $2S = m(x + y)$
両辺を $x + y$ でわる。

3 式の展開と因数分解

入試重要度 ☆☆☆

問題 次の各問いに答えなさい。

解答

得点 アップ けP 乗法公式

① $(x+a)(x+b)=x^2+(a+b)x+ab$
② $(x+a)^2=x^2+2ax+a^2$
③ $(x-a)^2=x^2-2ax+a^2$
④ $(x+a)(x-a)=x^2-a^2$

次の式を展開しなさい。 7 は簡単にしなさい。

□ 1 $(x+1)(x-6)$

□ 2 $(x-2)(x-7)$

□ 3* $(x+3)^2$

□ 4 $(2a-b)^2$

□ 5 $(x+8)(x-8)$

□ 6 $\left(x+\dfrac{1}{4}\right)\left(x-\dfrac{1}{4}\right)$

□ 7* $(x+3)(x-2)-(x-5)^2$

1 x^2-5x-6

2 $x^2-9x+14$

3 x^2+6x+9

4 $4a^2-4ab+b^2$

5 x^2-64

6 $x^2-\dfrac{1}{16}$

7 $11x-31$
解説 展開すると，
$x^2+x-6-(x^2-10x+25)$

得点 アップ けP 因数分解

共通因数がある ➡ 共通因数をくくり出す。 $ma+mb=m(a+b)$
公式を利用する ➡ 因数分解の公式（乗法公式の逆）

次の式を因数分解しなさい。

□ 8 x^2+x-12

□ 9* $a^2-12a+36$

□ 10 $9x^2+6xy+y^2$

□ 11* $4x^2-25y^2$

□ 12* $3x^2-6x-9$

□ 13 $2mx^2-32m$

□ 14* $(x-2)y+(x-2)$

8 $(x+4)(x-3)$

9 $(a-6)^2$

10 $(3x+y)^2$

11 $(2x+5y)(2x-5y)$

12 $3(x+1)(x-3)$

13 $2m(x+4)(x-4)$
解説 $2m$ をくくり出す。

14 $(x-2)(y+1)$
解説 $x-2=M$ とおく。

4

平方根

入試重要度
☆☆☆

問題 次の計算をしなさい。

解答

得点 アップ げP　根号をふくむ式の計算

①√ の中を簡単にし，同じ√ どうしの和や差を計算する。

②分配法則や乗法公式を使って計算する。

□ 1　$4\sqrt{2} \times 2\sqrt{3}$

□ 2　$\sqrt{48} \div (-\sqrt{6})$

□ 3　$2\sqrt{5} + 4\sqrt{5}$

□ 4　$3\sqrt{2} - 7\sqrt{2} + 2\sqrt{2}$

□ 5*　$\sqrt{12} + 4\sqrt{3} - \sqrt{27}$

□ 6　$2\sqrt{7} + 4\sqrt{2} - \sqrt{63} + \sqrt{18}$

□ 7　$2\sqrt{6} + \sqrt{27} \times 2\sqrt{2}$

□ 8　$\sqrt{3}(\sqrt{15} + \sqrt{6})$

□ 9　$(2 + 4\sqrt{2})(3 - \sqrt{2})$

□10*　$(\sqrt{3} - 2\sqrt{2})^2$

□11　$(3\sqrt{5} - 7)(3\sqrt{5} + 7)$

1　$8\sqrt{6}$

2　$-2\sqrt{2}$

3　$6\sqrt{5}$

4　$-2\sqrt{2}$

5　$3\sqrt{3}$

6　$-\sqrt{7} + 7\sqrt{2}$

7　$8\sqrt{6}$

8　$3\sqrt{5} + 3\sqrt{2}$

9　$-2 + 10\sqrt{2}$

10　$11 - 4\sqrt{6}$

解説 $(\sqrt{3})^2 - 2 \times \sqrt{3} \times 2\sqrt{2} + (2\sqrt{2})^2$

11　-4

解説 $(3\sqrt{5})^2 - 7^2$

得点 アップ げP　分母に根号をふくむ式の計算

分母の有理化 ➡ $\dfrac{\sqrt{a}}{\sqrt{b}}$ は分母と分子に $\sqrt{b}$ をかける。

□12*　$2\sqrt{12} - \dfrac{6}{\sqrt{3}}$

□13　$\sqrt{\dfrac{3}{8}} - \dfrac{2}{\sqrt{6}}$

□14　$\dfrac{10}{\sqrt{5}} - \sqrt{3}(\sqrt{15} - \sqrt{3})$

□15　$(\sqrt{2} - 3)(\sqrt{2} + 4) - \dfrac{12}{\sqrt{2}}$

12　$2\sqrt{3}$

解説 $\dfrac{6}{\sqrt{3}} = \dfrac{6 \times \sqrt{3}}{\sqrt{3} \times \sqrt{3}}$

13　$-\dfrac{\sqrt{6}}{12}$

14　$3 - \sqrt{5}$

15　$-10 - 5\sqrt{2}$

5 1次方程式

問題 次の方程式を解きなさい。

解答

得点 アップ げP かっこのある1次方程式

分配法則を利用して，かっこをはずす。$m(a+b)=ma+mb$

☐ 1 $2x-4=8$

☐ 2 $3x-5=9-4x$

☐ 3* $2(x-1)=7x-12$

☐ 4 $4x-6=-3(x-5)$

☐ 5 $-5(x+4)=2(11+x)$

1 $x=6$

2 $x=2$

3 $x=2$

4 $x=3$

5 $x=-6$

解説

$-5x-20=22+2x$

得点 アップ げP 小数係数や分数係数の1次方程式

小数係数 ➡ 両辺を10倍，100倍，… して，係数を整数にする。

分数係数 ➡ 両辺に分母の最小公倍数をかけて，分母をはらう。

☐ 6 $0.8x+0.2=3.4$

☐ 7* $0.3x-0.4=0.7x+2.4$

☐ 8 $\dfrac{1}{2}x-1=\dfrac{2}{3}x$

☐ 9* $\dfrac{2}{5}x-\dfrac{1}{4}=\dfrac{x}{4}+\dfrac{4}{5}$

☐ 10 $\dfrac{x-6}{3}=\dfrac{3x-1}{8}$

6 $x=4$

7 $x=-7$

8 $x=-6$

9 $x=7$

10 $x=-45$

解説

$8(x-6)=3(3x-1)$

得点 アップ げP 比例式

$a:b=c:d$ ならば，$ad=bc$（比例式の性質）を利用する。

☐ 11 $3:2=9:x$

☐ 12 $2x:15=(x-9):3$

11 $x=6$

12 $x=15$

解説

$2x\times3=15\times(x-9)$

6 連立方程式

入試重要度
☆☆☆

問題 次の連立方程式を解きなさい。

解答

得点 アップ げP 加減法・代入法の解き方

加減法 ➡ x または y の係数の絶対値をそろえて，2式を加減する。
代入法 ➡ $x = \sim$，$y = \sim$ を他方の式に代入する。

☐ 1 $\begin{cases} 2x + 3y = 5 \\ 3x + y = -3 \end{cases}$

1　$x = -2$，$y = 3$

☐ 2 $\begin{cases} y = x - 2 \\ 5x - y = 6 \end{cases}$

2　$x = 1$，$y = -1$

☐ 3* $\begin{cases} 2(x-3) + y = -1 \\ 4x - 3y = 25 \end{cases}$

3　$x = 4$，$y = -3$
解説 上の式のかっこを
はずして整理すると，
$2x + y = 5$

得点 アップ げP 小数係数や分数係数の連立方程式

小数係数 ➡ 両辺を 10 倍，100 倍，… して，係数を整数にする。
分数係数 ➡ 両辺に分母の最小公倍数をかけて，分母をはらう。

☐ 4 $\begin{cases} 3x - 2y = 16 \\ 0.5x - 0.4y = 3 \end{cases}$

4　$x = 2$，$y = -5$
解説 下の式の両辺を 10
倍する。

☐ 5* $\begin{cases} \dfrac{x}{3} + \dfrac{3}{2}y = 4 \\ 4x + 7y = 4 \end{cases}$

5　$x = -6$，$y = 4$
解説
上の式の両辺を 6 倍する。

得点 アップ げP $A = B = C$ の形の連立方程式

$A = B = C$ の形の連立方程式 ➡ $\begin{cases} A = B \\ A = C \end{cases}$ か $\begin{cases} A = B \\ B = C \end{cases}$ か $\begin{cases} A = C \\ B = C \end{cases}$ で解く。

☐ 6* $x - 5y = -3x + 7y = 2$

6　$x = -3$，$y = -1$
解説 $\begin{cases} x - 5y = \underline{2} \\ -3x + 7y = \underline{2} \end{cases}$

☐ 7 $4x + 2y - 1 = 2x + y = x - y + 8$

7　$x = -2$，$y = 5$

7

2次方程式

入試重要度 ☆☆☆

問題 次の2次方程式を解きなさい。

解答

得点アップ UP　平方根の考え方を利用した解き方

$$ax^2 = b \Rightarrow x^2 = \frac{b}{a} \Rightarrow x = \pm\sqrt{\frac{b}{a}}$$

$$(x+m)^2 = n \Rightarrow x+m = \pm\sqrt{n} \Rightarrow x = -m \pm\sqrt{n}$$

☐ 1　$2x^2 = 8$

☐ 2　$3x^2 - 27 = 0$

☐ 3* $(x-5)^2 = 7$

☐ 4　$(x+1)^2 = 25$

1　$x = \pm 2$

2　$x = \pm 3$

3　$x = 5 \pm\sqrt{7}$

4　$x = 4,\ x = -6$

解説 $x+1 = \pm 5$
$x+1 = 5,\ x+1 = -5$

得点アップ UP　因数分解を利用した解き方

$(x+a)(x+b) = 0$ の解 $\Rightarrow x = -a,\ x = -b$

☐ 5　$(x+3)(x-6) = 0$

☐ 6* $x^2 + 7x + 10 = 0$

☐ 7　$x^2 - 12x + 32 = 0$

☐ 8　$(x-1)(x+4) = 2(1+x)$

☐ 9　$x^2 - 1 = 3(x+1)(x-3)$

5　$x = -3,\ x = 6$

6　$x = -5,\ x = -2$

7　$x = 4,\ x = 8$

8　$x = -3,\ x = 2$

9　$x = -1,\ x = 4$

解説 展開すると,
$x^2 - 1 = 3x^2 - 6x - 9$

得点アップ UP　解の公式を利用した解き方

$$ax^2 + bx + c = 0 \text{ の解} \Rightarrow x = \frac{-b \pm\sqrt{b^2 - 4ac}}{2a}$$

☐ 10* $x^2 - 3x - 1 = 0$

☐ 11　$2x^2 - 4x - 5 = 0$

10　$x = \dfrac{3 \pm\sqrt{13}}{2}$

11　$x = \dfrac{2 \pm\sqrt{14}}{2}$

解説 約分を忘れない!

8 比例と反比例

入試重要度
☆☆☆

問題 次の各問いに答えなさい。

解答

得点 アップ けP 比例・反比例の式

y は x に比例する ⟷ $y=ax$ （a は比例定数）
y は x に反比例する ⟷ $y=\dfrac{a}{x}$ （a は比例定数）

□ 1* y は x に比例し，$x=6$ のとき $y=-12$ である。$x=-3$ のときの y の値を求めなさい。

□ 2 y は x に反比例し，$x=3$ のとき $y=4$ である。このとき，y を x の式で表しなさい。

□ 3* y は x に反比例し，$x=-5$ のとき $y=4$ である。$x=2$ のときの y の値を求めなさい。

1　$y=6$

2　$y=\dfrac{12}{x}$

3　$y=-10$

解説 2 と同じように，y を x の式で表し，その式に $x=2$ を代入する。

得点 アップ けP 比例・反比例のグラフ

比例のグラフ ⟷ 原点を通る直線
反比例のグラフ ⟷ 原点について対称な双曲線

次の 4 ， 5 のグラフをかきなさい。

□ 4 $y=2x$

□ 5* $y=-\dfrac{12}{x}$

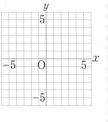

4
5

解説 5 は，$(-6,\ 2)$ のように x 座標と y 座標がともに整数になる点をいくつかとって，なめらかな曲線で結ぶ。

□ 6 右の図の △ABC の面積を求めなさい。座標軸の1目盛りを 1 cm とする。

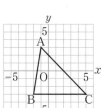

6　$21\ \mathrm{cm}^2$

解説 底辺 BC は 7 cm，高さは 6 cm の三角形。

9

1 次 関 数

入試重要度
☆☆☆

問題 次の各問いに答えなさい。

解答

得点 アップ アップ 1 次関数の式と変化の割合

式 ➡ $y=ax+b$ （a, b は定数）, （変化の割合）$=\dfrac{（y の増加量）}{（x の増加量）}=a$ ➡ **一定**

□ 1　1次関数 $y=2x+3$ で, x の値が -3 から 1 まで増加するときの変化の割合を求めなさい。

1　2

□ 2* 1次関数 $y=-\dfrac{2}{3}x+5$ で, x の増加量が 6 であるとき, y の増加量を求めなさい。

2　-4

解説 （y の増加量）
$=$（変化の割合）
$\times$（x の増加量）

得点 アップ アップ 1 次関数の式の求め方

直線が通る点を利用して, 傾きと切片を求める。

次の直線の式を求めなさい。

□ 3　傾きが -2 で, 点 $(3, -2)$ を通る直線

3　$y=-2x+4$

□ 4* 2点 $(-1, -8)$, $(2, 7)$ を通る直線

4　$y=5x-3$

□ 5　$y=3x-7$ に平行で, 点 $(-4, -10)$ を通る直線

5　$y=3x+2$

解説 平行 → 傾きが等しい。

得点 アップ アップ 連立方程式の解とグラフ

連立方程式 $\begin{cases} ax+by=c & \cdots① \\ a'x+b'y=c' & \cdots② \end{cases}$ の解 ⬌ ①, ②のグラフの交点の座標

右の図について, 次の問いに答えなさい。

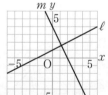

□ 6　直線 ℓ の式を求めなさい。

6　$y=\dfrac{1}{2}x+1$

解説 グラフから傾きと切片をよみとる。

□ 7　直線 m の式を求めなさい。

7　$y=-2x+4$

□ 8* 2つの直線 ℓ, m の交点の座標を求めなさい。

8　$\left(\dfrac{6}{5}, \dfrac{8}{5}\right)$

解説 $\dfrac{1}{2}x+1=-2x+4$

関数

10 関数 $y=ax^2$

入試重要度 ☆☆☆

問題 次の各問いに答えなさい。

解答

社会／理科／数学／英語／国語

得点 アップ のP 2乗に比例する関数の式とグラフ

y は x の2乗に比例する ⬥ $y=ax^2$ （a は比例定数, $a \neq 0$）

$y=ax^2$ のグラフ ⬥ 原点を通り, y 軸について対称な放物線

□ 1 y は x の2乗に比例し, $x=2$ のとき $y=-12$ である。このとき, y を x の式で表しなさい。

□ 2* y は x の2乗に比例し, $x=\frac{1}{2}$ のとき $y=1$ である。$x=-2$ のときの y の値を求めなさい。

次のグラフをかきなさい。

□ 3* $y=x^2$

□ 4 $y=-\frac{1}{2}x^2$

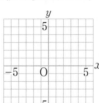

1 $y=-3x^2$

2 $y=16$

解説 1と同じように y を x の式で表し, その式に $x=-2$ を代入する。

3
4

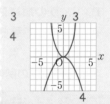

得点 アップ のP 変域・変化の割合

変域 ⬥ グラフをかいて考える。 ⬥ P.141 の **5** 参照

（変化の割合）$=\dfrac{（y \text{ の増加量}）}{（x \text{ の増加量}）}$ ⬥ 一定ではない

□ 5* 関数 $y=2x^2$ において, x の変域が $-1\leqq x\leqq3$ のとき, y の変域を求めなさい。

□ 6* 関数 $y=-3x^2$ において, x の値が -2 から 4 まで増加するときの変化の割合を求めなさい。

□ 7 関数 $y=ax^2$ において, x の値が 1 から 5 まで増加するときの変化の割合が 36 のとき, a の値を求めなさい。

5 $0\leqq y\leqq18$

解説 x の変域に $x=0$ がふくまれていることに注意する。

6 -6

解説 $\dfrac{-3\cdot4^2-(-3)\cdot(-2)^2}{4-(-2)}$

7 $a=6$

解説 $\dfrac{25a-a}{5-1}=36$

$6a=36$

11 関数と図形

入試重要度 ☆☆☆

問題 次の各問いに答えなさい。

解答

得点 アップ のP 図形の周上を動く点

右の図のような長方形の辺上を，点 P が点 A から B，C，D の順に動く。

△APD の面積の変化

➡ 点 P が AB，BC，CD の辺上にあるときに分けて考える。

□ 1 右の図のように，点 P が毎秒 1 cm の速さで長方形 ABCD の辺上を点 A から B，C，D の順に動く。点 A を出発してから x 秒後の △APD の面積を y cm^2 とする。点 P が辺 AB，BC，CD 上にあるときの x，y の関係をそれぞれ式で表しなさい。

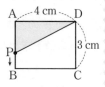

1　辺 AB 上…$y=2x$

辺 BC 上…$y=6$

辺 CD 上

…$y=-2x+20$

解説 点 P が辺 CD 上にあるとき，

DP$=(10-x)$ cm より，

$y=\dfrac{1}{2}\times4\times(10-x)$

得点 アップ のP 放物線と図形

放物線 $y=ax^2$ と直線 $y=bx+c$ の交点の座標

➡ 連立方程式 $\begin{cases} y=ax^2 \\ y=bx+c \end{cases}$ を解く。

△AOB の面積 ➡ △AOC＋△BOC

└─ OC を底辺とする 2 つの三角形に分ける。

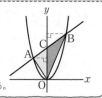

右の図で，点 A，B は関数 $y=\dfrac{1}{2}x^2$ のグラフ上にあり，その x 座標はそれぞれ -2，4 である。

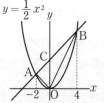

□ 2 直線 AB の式を求めなさい。

□ 3 △AOB の面積を求めなさい。ただし，座標の 1 目盛りを 1 cm とする。

2　$y=x+4$

解説 A$(-2,\ 2)$，

B$(4,\ 8)$ を通る直線。

3　12 cm^2

解説 C は直線 AB の切片で，C$(0,\ 4)$ だから，

OC$=4$ cm より，

△AOC＋△BOC

$=\dfrac{1}{2}\times4\times2+\dfrac{1}{2}\times4\times4$

12

平 面 図 形

入試重要度
☆☆☆

問題 次の各問いに答えなさい。

解答

得点 アップ けP　垂直・平行

AB と CD が垂直 ➡ AB⊥CD

AB と CD が平行 ➡ AB∥CD

右の図の長方形 ABCD につい
て，次の問いに答えなさい。

□1 辺 AB と辺 CD の位置
関係を，記号を使って表しなさい。

□2 辺 AB と辺 AD の位置関係を，記号を使って
表しなさい。

□3* 角①を，∠ を使って2通りの方法で表しなさい。

1　**AB∥CD**

2　**AB⊥AD**

3　**∠BEC，∠CEB**
解説 角①は，2つの線
分 EB と EC によってで
きる角である。

得点 アップ けP　図形の移動

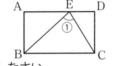

平行移動　　回転移動　　対称移動

右の図の E，F，G，H は正方形
ABCD の各辺の中点である。次
の問いに答えなさい。

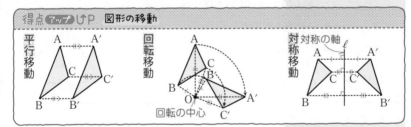

□4 △AEH を平行移動して重
なる三角形はどれですか。

□5* △AEH を点 O を中心として，時計回りに 90°
回転移動して重なる三角形はどれですか。

4　**△OFG**
└対応する頂点
の順にかく。

5　**△DHG**
解説 点 A は点 D に，
点 E は点 H に，H は
点 G にそれぞれ移動する。

13 円とおうぎ形

入試重要度
☆ ☆ ☆

問題 次の各問いに答えなさい。

解答

得点 アップ のP 円とおうぎ形

おうぎ形の弧の長さ ➡ 中心角に比例

$\overset{\frown}{AB} : \overset{\frown}{CD} = \underset{\text{弧の長さの比}}{\underline{120}} : \underset{\text{中心角の比}}{\underline{60}} = 2 : 1$

右の図の円Oで，$\overset{\frown}{BC}$ の長さが $\overset{\frown}{AB}$ の長さの2倍であるとき，次の問いに答えなさい。

□ 1 ∠BOCの大きさを求めなさい。

□ 2* $\overset{\frown}{AB}$ と $\overset{\frown}{CD}$ の長さの比を求めなさい。

□ 3 $\overset{\frown}{BC}$ と $\overset{\frown}{CD}$ の長さの比を求めなさい。

1 60°
解説 $\overset{\frown}{AB} : \overset{\frown}{BC} = 1 : 2$ だから，
∠AOB : ∠BOC = 1 : 2

2 3 : 10
解説 中心角の比が弧の長さの比になる。

3 3 : 5

得点 アップ のP おうぎ形の弧の長さと面積

半径 r，中心角 $x°$ のおうぎ形で，

弧の長さ ➡ $\ell = 2\pi r \times \dfrac{x}{360}$

面積 ➡ $S = \pi r^2 \times \dfrac{x}{360} = \dfrac{1}{2}\ell r$

□ 4 半径6 cm，中心角120°のおうぎ形の弧の長さを求めなさい。

□ 5 半径8 cm，中心角45°のおうぎ形の面積を求めなさい。

□ 6 半径4 cm，弧の長さ6π cmのおうぎ形の面積を求めなさい。

□ 7* 半径5 cm，面積15π cm² のおうぎ形の中心角の大きさを求めなさい。

4 4π cm

5 8π cm²

6 12π cm²
解説 $\dfrac{1}{2} \times 6\pi \times 4$

7 216°
解説 中心角を $x°$ とすると，
$\pi \times 5^2 \times \dfrac{x}{360} = 15\pi$

14 空間図形

入試重要度 ☆☆☆

問題 次の各問いに答えなさい。

解答

社会

理科

数学

英語

国語

得点 アップ げP 直線や平面の位置関係

ねじれの位置 にある空間内の2直線
➡ 平行でなく，交わらない（同じ平面上にない）

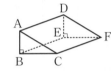

右の図は，底面が ∠B=90° の
直角三角形の三角柱である。こ
れについて，次の面や辺をすべ
て答えなさい。

□ 1　面 ABC と平行な面

□ 2* 面 ABC と垂直な面

□ 3　辺 AD と平行な辺

□ 4　辺 AD と垂直な辺

□ 5* 辺 AD とねじれの位置にある辺

1　面 DEF

2　面 ABED,
　面 ACFD,
　面 BCFE

3　辺 BE，辺 CF

4　辺 AB，辺 DE,
　辺 AC，辺 DF

5　辺 BC，辺 EF
解説 3，4 以外の辺
がねじれの位置にある。

得点 アップ げP 投影図

立体を真正面から見た図 ➡ 立面図
　　　　　　　　　（立体の側面を表す）
立体を真上から見た図 ➡ 平面図
　　　　　　　　　（立体の底面を表す）

投影図

立面図
平面図

右の投影図について，次の問いに答えな
さい。

□ 6　底面の形を答えなさい。

□ 7　側面の形を答えなさい。

□ 8* この立体の名前を答えなさい。

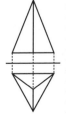

6　三角形

7　三角形

8　三角錐（さんかくすい）
解説 立面図が三角形
→「角錐または円錐」，
平面図が三角形
→「三角錐」とわかる。

127

15 立体の表面積と体積

入試重要度 ☆☆☆

問題 次の各問いに答えなさい。

解答

得点 アップ げP 立体の表面積

①角柱・円柱の表面積 ➡ （側面積）＋（底面積）×2
②角錐・円錐の表面積 ➡ （側面積）＋（底面積）

□ 1　図1の円柱の表面積
を求めなさい。

（図1）

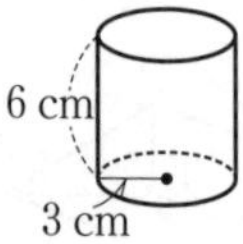

6 cm

3 cm

（図2）

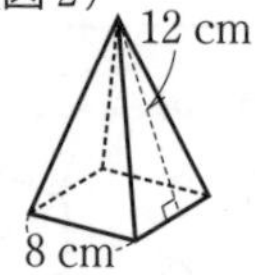

12 cm

8 cm

□ 2★ 図2の正四角錐の表
面積を求めなさい。

1　$54\pi\ \text{cm}^2$

解説 $6\times6\pi+\pi\times3^2\times2$

2　$256\ \text{cm}^2$

解説 $\dfrac{1}{2}\times8\times12\times4+8^2$

得点 アップ げP 立体の体積

①角柱・円柱の体積 ➡ （底面積）×（高さ）

②角錐・円錐の体積 ➡ $\dfrac{1}{3}\times$（底面積）×（高さ）

□ 3★ 図3の円錐の体積
を求めなさい。

（図3）

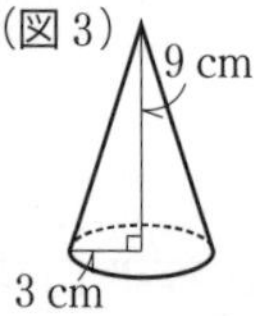

9 cm

3 cm

（図4）

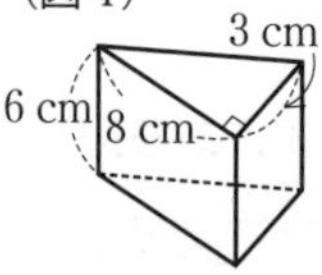

3 cm

6 cm　8 cm

3 cm

□ 4　図4の三角柱の体
積を求めなさい。

3　$27\pi\ \text{cm}^3$

解説 $\dfrac{1}{3}\times\pi\times3^2\times9$

4　$72\ \text{cm}^3$

解説 $\dfrac{1}{2}\times3\times8\times6$

得点 アップ げP 球の表面積・体積

半径 r の球の表面積を S，体積を V とすると，

①球の表面積 ➡ $S=4\pi r^2$

②球の体積 ➡ $V=\dfrac{4}{3}\pi r^3$

□ 5　半径3cmの球の表面積と体積を求めなさい。

□ 6★ 図5の半球の表面積と体積を求
めなさい。

（図5）

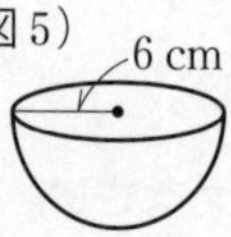

6 cm

5　$36\pi\ \text{cm}^2, 36\pi\ \text{cm}^3$

6　$108\pi\ \text{cm}^2, 144\pi\ \text{cm}^3$

解説 表面積は，半球の
曲面と円の部分の面積を
考えること！

16 図形と角

入試重要度
☆☆☆

問題 次の各問いに答えなさい。

解答

得点アップけP 対頂角，同位角・錯角

①対頂角は等しい。

②2直線が平行 ◆ 同位角・錯角が等しい。

次の図で，$\ell /\!/ m$ のとき，$\angle x$, $\angle y$ の大きさを求めなさい。

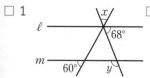

□1

□2*

1　$\angle x = 52°$

　　$\angle y = 112°$

解説

$\angle x + 60° + 68° = 180°$

2　38°

解説 ℓ と m に平行な補助線をひく。

得点アップけP 三角形の内角と外角

①三角形の3つの内角の和 ◆ 180°

②三角形の1つの外角 ◆ それととなり合わない2つの内角の和に等しい。

次の図で，$\angle x$ の大きさを求めなさい。

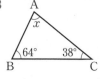

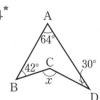

□3

□4*

3　78°

4　136°

解説 BCの延長線をAD までひいて求める。

$64° + 42° = 106°$

$\angle x = 106° + 30°$

得点アップけP 多角形の内角の和・外角の和

① n 角形の内角の和 ◆ $180° \times (n-2)$

②多角形の外角の和 ◆ 360°（一定）

□5 六角形の内角の和を求めなさい。

□6* 内角の和が 1440° の多角形は何角形ですか。

□7* 正八角形の1つの外角の大きさを求めなさい。

5　720°

6　十角形

7　45°

解説 $360° \div 8$

合同な図形

 入試重要度
☆☆☆

問題 次の各問いに答えなさい。

解答

得点 アップ けP **合同な図形**

合同な図形では，対応する辺や角は等しい。

右の図で，四角形 ABCD ≡四角形 EFGH であるとき，次の問いに答えなさい。

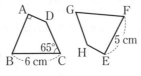

□1 辺 AB，辺 FG の長さを求めなさい。

□2* ∠G，∠E の大きさを求めなさい。

1　AB＝5 cm，
FG＝6 cm

解説 AB＝EF，
BC＝FG

2　∠G＝65°，
∠E＝90°

解説 ∠C＝∠G，
∠A＝∠E

得点 アップ けP **三角形の合同条件**

① 3 組の辺がそれぞれ等しい。
② 2 組の辺とその間の角がそれぞれ等しい。
③ 1 組の辺とその両端の角がそれぞれ等しい。

□**右の図で，OA＝OB，OC＝OD のとき，∠A＝∠B であることを，次のように証明した。**

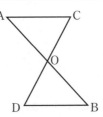

（証明）△OAC と △OBD で，
仮定より，OA＝OB …①
　　　　　OC＝ | 3 | …②
対頂角は等しいから，
　∠ | 4 | ＝∠BOD …③
①，②，③より， | 5* | から，
　△OAC≡△OBD
合同な図形で，対応する角の大きさは等しいから，∠A＝∠B

3　OD

4　AOC

5　2 組の辺とその間の角がそれぞれ等しい

解説 仮定…OA＝OB，
OC＝OD
結論…∠A＝∠B
三角形の合同条件のうちのどれを使うと，結論を示すことができるかを考える。三角形の合同条件は，正確に覚えておこう。

130

18 三 角 形

入試重要度
☆☆☆

問題 次の各問いに答えなさい。

解答

得点 アップ げP 二等辺三角形

定義 ➡ 2つの辺が等しい三角形

右の図で，AB＝AC

性質 ➡ ①2つの底角は等しい。

右の図で，∠B＝∠C

②頂角の二等分線は，底辺を垂直に2等分する。

右の図で，AD⊥BC，BD＝CD

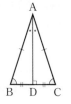

次の図で，∠x の大きさを求めなさい。

□1

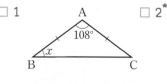

□2*

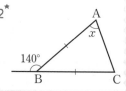

1　36°
解説
∠x＝(180° － 108°)÷2

2　70°
解説 ∠x＝140°÷2

得点 アップ げP 直角三角形の合同条件

①斜辺と他の1辺がそれぞれ等しい。

②斜辺と1つの鋭角がそれぞれ等しい。

□右の図のような AB＝AC の二
等辺三角形 ABC で，点 B，C か
らそれぞれ辺 AC，AB に垂線 BD，
CE をひく。△BCE≡△CBD で
あることを，次のように証明した。

(証明) △BCE と △CBD で，

仮定より，∠BEC＝∠CDB＝90° …①

∠CBE＝∠ 3 　　…②

共通な辺だから， 4 ＝CB …③

①，②，③より，直角三角形の 5* から，

△BCE≡△CBD

3　BCD
解説 二等辺三角形の性
質を利用する。

4　BC

5　斜辺と1つの鋭
角がそれぞれ等し
い
解説 ∠BEC＝∠CDB
＝90° → 直角三角形
BC＝CB → 斜辺
∠CBE＝∠BCD → 1つ
の鋭角

19 四角形

問題 次の各問いに答えなさい。

解答

得点 アップ ひP　平行四辺形

定義 ➡ 2組の対辺がそれぞれ平行な四角形

性質 ➡ ①2組の対辺はそれぞれ等しい。
　　　②2組の対角はそれぞれ等しい。
　　　③対角線はそれぞれの中点で交わる。

次の図の平行四辺形 ABCD で，x，y の値を求めなさい。

□ 1
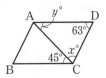

□ 2*
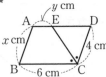

1　$x=72$，$y=45$
解説
$\angle x=180°-63°-45°$

2　$x=4$，$y=2$
解説 $\angle BCE=\angle DEC$
(錯角)より，$\triangle DCE$ は
二等辺三角形

得点 アップ ひP　特別な平行四辺形

長方形・ひし形・正方形は平行四辺形の特別な場合で，
平行四辺形の性質をもっている。
①長方形 ➡ 4つの角が等しい。
②ひし形 ➡ 4つの辺が等しい。
③正方形 ➡ 4つの角が等しく，4つの辺が等しい。

右の図の平行四辺形 ABCD で，AC
と BD の交点を O とする。次の条件
をもつとき，平行四辺形 ABCD は
どのような四角形になりますか。

□ 3　$\angle BAC=\angle BCA$

□ 4*　$AO=BO$

□ 5　$AB=BC$，$\angle BAD=\angle ADC$

3　ひし形
解説 $BA=BC$ となるか
ら，$AB=BC=CD=DA$

4　長方形
解説 $AO=BO=CO=$
DO となる。

5　正方形
解説 $AB=BC=CD=$
DA，すべての角が $90°$
になる。

20 相似な図形

入試重要度
☆☆☆

問題 次の各問いに答えなさい。

解答

得点アップ けP 三角形の相似条件

① 3組の辺の比がすべて等しい。
② 2組の辺の比とその間の角がそれぞれ等しい。
③ 2組の角がそれぞれ等しい。

右の図について，次の問いに答え
なさい。

□1 △ABC∽△CBD を導くため
の根拠となる相似条件をいい
なさい。

□2* 線分 CD の長さを求めなさい。

□3 線分 AD の長さを求めなさい。

1　2組の角がそれぞ
れ等しい。
解説 ∠ABC＝∠CBD,
∠ACB＝∠CDB＝90°

2　$\frac{12}{5}$ cm
解説 AB:CB＝AC:CD

3　$\frac{16}{5}$ cm
解説 △ABC∽△ACD
より，AB:AC＝AC:AD

得点アップ けP 相似な図形の計量

相似比 $m:n$ ➡ 面積比 $m^2:n^2$，➡ P.143 の ❹ 参照
相似比 $m:n$ ➡ 表面積比 $m^2:n^2$，体積比 $m^3:n^3$ ➡ P.143 の ❺ 参照

右の図の立体Pと立体Qが相
似であるとき，次の問いに答え
なさい。

□4 立体Pと立体Qの相似比
を求めなさい。

□5* 立体Pの表面積が28π cm²
のとき，立体Qの表面積を求めなさい。

□6* 立体Qの体積が 54π cm³ のとき，立体Pの体
積を求めなさい。

4　2:3
解説 6:9

5　63π cm²
解説 立体Qの表面積を
x cm² とすると，
$2^2:3^2＝28π:x$

6　16π cm³
解説 立体Pの体積を
y cm³ とすると，
$2^3:3^3＝y:54π$

21 平行線と線分の比

入試重要度
☆ ☆ ☆

問題 次の各問いに答えなさい。

解答

得点 アップ けP　三角形と線分の比

△ABC の辺 AB, AC 上またはその延長上にそれぞれ P, Q があり, PQ//BC のとき,

①AP：AB＝AQ：AC＝PQ：**BC**　②AP：PB＝AQ：**QC** ➡ P.142 の ❶ 参照

次の図で, **PQ//BC** のとき, x, y の値を求めなさい。

□ 1

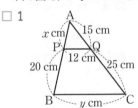

□ 2★

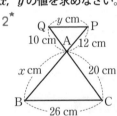

1 **x＝12**, **y＝32**
解説 15：25＝x：20
15：(15＋25)＝12：y

2 **x＝24**, **y＝13**
解説 10：20＝12：x
10：20＝y：26

得点 アップ けP　平行線と線分の比

右の図で, a//b//c のとき,
① AB：BC＝**A′B′**：B′C′
② AB：AC＝A′B′：**A′C′**
➡ P.142 の ❷ 参照

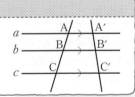

次の図で, a//b//c のとき, x の値を求めなさい。

□ 3

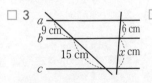

□ 4★

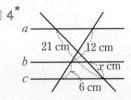

3 **x＝10**
解説 9：15＝6：x

4 **x＝7**
解説
(12＋6)：6＝21：x

問題 次の各問いに答えなさい。

解答

得点 アップ リP 円周角の定理

右の図の円 O で，

①∠APB＝$\frac{1}{2}$∠AOB ← 円周角は中心角の半分

②∠APB＝∠AP'B ← 円周角の大きさは一定

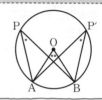

次の図で，∠x の大きさを求めなさい。

□ 1

□ 2*

□ 3

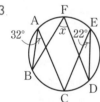

□ 4*

□右の図で，AE が∠BAC の二
等分線であるとき，
△ABD∽△AEC であること
を，次のように証明した。

(証明) △ABD と △AEC で，
　仮定より，∠BAD＝∠EAC …①
　弧 AC の円周角より，∠ABD＝∠ 5 …②
　①，②より，6* から，
　　　　△ABD∽△AEC

社会

理科

数学

英語

国語

1 27°
解説 ∠x＝54°÷2

2 41°
解説 ∠BDC＝∠BAC
∠x＝90°－49°

3 54°
解説 FC に補助線をひ
く。
∠x＝32°＋22°

4 47°
解説 ∠BAC＝∠BDC
BD は直径だから，
∠BAD＝90°
∠x＝90°－43°

5 AEC
解説 円周角の定理を利
用して，等しい角を見つ
ける。

6 2組の角がそれぞ
れ等しい
解説 相似の証明では，
角に注目して証明する場
合が多い。

23 三平方の定理

入試重要度
☆☆☆

問題 次の各問いに答えなさい。

解答

得点 アップ UP　三平方の定理

右の図のような直角三角形 ABC では，次のことが
成り立つ。

$a^2 + b^2 = c^2$　$(a^2 = c^2 - b^2,\ b^2 = c^2 - a^2)$

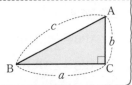

次の図の x の値を求めなさい。

□ 1

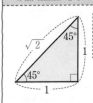

□ 2*

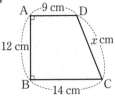

1　$x = \sqrt{6}$

2　$x = 13$
解説 D から辺 BC に垂
線 DH をひき，
△CDH で三平方の定理
を利用する。

得点 アップ UP　特別な直角三角形の3辺の比

直角二等辺三角形	30°，60°の角をも
$1 : 1 : \sqrt{2}$	つ直角三角形
	$1 : 2 : \sqrt{3}$

次の図の x，y の値を求めなさい。

□ 3*

□ 4*

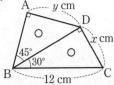

3　$x = 4$，$y = 2\sqrt{3}$
解説 $2 : x = 1 : 2$
$2 : y = 1 : \sqrt{3}$

4　$x = 6$，$y = 3\sqrt{6}$
解説 $12 : BD = 2 : \sqrt{3}$
より，$BD = 6\sqrt{3}$ cm
$6\sqrt{3} : y = \sqrt{2} : 1$

24 三平方の定理の利用

入試重要度 ☆☆☆

問題 次の各問いに答えなさい。

解答

得点アップ UP 平面図形への利用

①弦の長さ

$AB=2\sqrt{r^2-d^2}$

②2点間の距離

$PQ=\sqrt{(a-c)^2+(b-d)^2}$

□ 1 右の図の弦 AB の長さを求めなさい。

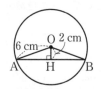

□ 2* 2点 A(3, 5)，B(-1, -3) の間の距離を求めなさい。

1　$8\sqrt{2}$ cm
解説 $AB=2\sqrt{6^2-2^2}$

2　$4\sqrt{5}$
解説 $AB=$
$\sqrt{|3-(-1)|^2+|5-(-3)|^2}$

得点アップ UP 空間図形への利用

空間図形内に直角三角形を見つけ，三平方の定理を利用する。→ P.143 の **6** 参照

□ 3 右の図は，縦 5 cm，横 8 cm，高さ 6 cm の直方体である。この直方体の対角線の長さを求めなさい。

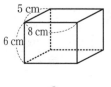

□ 4* 右の図の正四角錐 O-ABCD は，底面が1辺 8 cm の正方形で，他の辺が 12 cm である。この正四角錐の高さ OH を求めなさい。

□ 5* 右の図は，底面の半径が 3 cm，母線の長さが 6 cm の円錐である。この円錐の高さと体積を求めなさい。

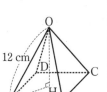

3　$5\sqrt{5}$ cm
解説 直方体の対角線の長さは，
$\sqrt{(縦)^2+(横)^2+(高さ)^2}$

4　$4\sqrt{7}$ cm
解説 △ABH は直角二等辺三角形だから，
$AH:8=1:\sqrt{2}$ より，
$AH=4\sqrt{2}$ cm
$OH^2=12^2-(4\sqrt{2})^2$

5　高さ…$3\sqrt{3}$ cm
体積…$9\sqrt{3}\pi$ cm³
解説 $(高さ)^2=6^2-3^2$
$(体積)=\dfrac{1}{3}\times\pi\times3^2$
$\times3\sqrt{3}$

25 データの分析

入試重要度 ☆☆☆

問題 次の各問いに答えなさい。

解答

得点アップUP 四分位数と箱ひげ図

四分位数…データを小さい順に並べたとき，4等分する位置にくる値。
箱ひげ図…最小値，最大値，四分位数を箱と線（ひげ）を用いて1つの図に表
したもの。

次のデータは，クラスの生徒のある日の学習時間を調
べたもので，下の表は，このデータの度数分布表です。
次の問いに答えなさい。

30, 75, 45, 60, 80, 35, 50, 70, 20, 40,
60, 90, 75, 50, 70, 65, 45, 40, 60, 90 (分)

□ 1 表のAにあてはまるΑ
数を求めなさい。

階級（分）	度数（人）
以上　　未満	
20 ～ 40	3
40 ～ 60	6
60 ～ 80	A
80 ～ 100	3
計	20

□ 2 20分以上40分未満
の階級の相対度数を
求めなさい。

□ 3 80分未満の累積度数を求めなさい。

□ 4 範囲を求めなさい。

□ 5 四分位数をそれぞれ求めなさい。

□ 6 このデータを箱
ひげ図に表した
とき，正しい図
は右のア～ウの
どれですか。

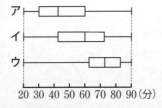

1　8
解説 20−(3+6+3)

2　0.15
解説 3÷20

3　17人
解説 20−3

4　70分
解説 90−20

5　第1四分位数
…42.5分
第2四分位数
…60分
第3四分位数
…72.5分
解説 データを小さい順
に並べて考える。
第1四分位数は5番目と
6番目の平均だから
(40+45)÷2
第2四分位数は
(60+60)÷2
第3四分位数は
(70+75)÷2

6　イ

26 確率・標本調査

入試重要度
☆☆☆

問題 次の各問いに答えなさい。

解答

得点 アップ UP 確率の求め方・性質

あることがら A の起こる確率を p とすると，

$$p=\frac{（ことがら A の起こる場合の数）}{（起こりうるすべての場合の数）}\quad（0\leq p\leq 1）$$

A が決して起こらないとき ➡ $p=0$

A が必ず起こるとき ➡ $p=1$

A の起こらない確率 ➡ $1-p$

2つのさいころ A，B を同時に投げるとき，次の問いに答えなさい。

□ 1 目の出方は全部で何通りありますか。

□ 2 同じ目が出る確率を求めなさい。

□ 3* 異なる目が出る確率を求めなさい。

□ 4 出る目の数の和が 13 になる確率を求めなさい。

□ 5 出る目の数の差が 5 以下になる確率を求めなさい。

□ 6 出る目の数の積が 20 以上になる確率を求めなさい。

1 36 通り

2 $\frac{1}{6}$

解説 (1, 1), (2, 2), (3, 3), (4, 4), (5, 5), (6, 6)の6通り。

3 $\frac{5}{6}$

解説 $1-\frac{1}{6}$

4 0

5 1

6 $\frac{2}{9}$

得点 アップ UP 全数調査・標本調査

全数調査…集団のすべてについて調べる方法

標本調査…集団から一部を取り出して調べる方法

次の調査は，全数調査と標本調査のどちらでするのが適切ですか。

□ 7 国勢調査

□ 8* 電球の平均耐久時間

□ 9 生徒の学力テスト

7 全数調査

8 標本調査

解説 すべてをチェックすると販売できる製品がなくなってしまう。

9 全数調査

特集 **1**　図解チェック①

問題 [　]にあてはまる語句や数値を答えなさい。

❶ 比例のグラフ★★

変数 x, y の間の関係が $y=ax$（a は定数）➡ y は x に[比例]する。

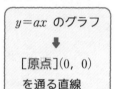

$y=ax$ のグラフ
⬇
[原点](0, 0)
を通る直線

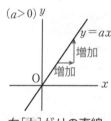

$(a>0)$
$y=ax$
増加
増加

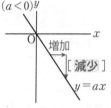

$(a<0)$
増加
[減少]
$y=ax$

右[上]がりの直線　　右[下]がりの直線

❷ 反比例のグラフ★★

変数 x, y の間の関係が $y=\dfrac{a}{x}$（a は定数）➡ y は x に[反比例]する。

$y=\dfrac{a}{x}$ のグラフ
⬇
原点について対称な[双曲線]

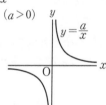

$(a>0)$　$y=\dfrac{a}{x}$

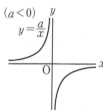

$(a<0)$　$y=\dfrac{a}{x}$

❸ 1次関数 $y=ax+b$ のグラフ★★★

$y=ax+b$ のグラフ
⬇
$a>0$ のとき，
x の値増加 → y の値[増加]
$a<0$ のとき，
x の値増加 → y の値[減少]

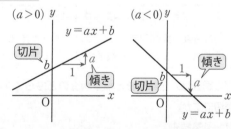

$(a>0)$ y
[切片] $y=ax+b$
b
1　a
[傾き]

$(a<0)$ y
[傾き]
b 1
[切片] a
$y=ax+b$

得点 アップ び P

1次関数 $y=ax+b$ のグラフは，傾き a，切片 b の直線

❹ 関数 $y=ax^2$ のグラフ★★★

y が x の関数で，その関係が $y=ax^2$ （a は 0 でない定数）

➡ y は[x の 2 乗]に比例する。

> $y=ax^2$ のグラフ
> ⬇
> ①原点を頂点とする[放物線]
> ②[y 軸]について対称
> ③ a の値の絶対値が大きい
> 　ほど，放物線の開きは
> 　[小さい]

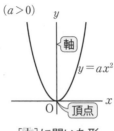

$(a>0)$

[上]に開いた形

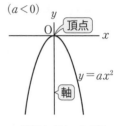

$(a<0)$

[下]に開いた形

❺ 関数 $y=ax^2$ の変域★★★

関数 $y=2x^2$ において

x の変域

$1 \leqq x \leqq 2$
　└ $x=0$ ふくまれない

⬇

y の変域

$2 \leqq y \leqq 8$
　└最小値　└最大値

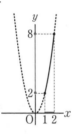

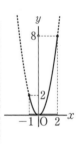

x の変域

$-1 \leqq x \leqq 2$
　└ $x=0$ ふくまれる

⬇

y の変域

$0 \leqq y \leqq 8$
　└最小値　└最大値

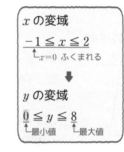

❻ 放物線と三角形★★★

①三角形の面積は y 軸で 2 つの三角形に分けて
　求める。

$$\triangle OAB = \triangle AOC + \triangle BOC$$
$$= \frac{1}{2} \times CO \times PO + \frac{1}{2} \times CO \times [QO]$$

②原点を通り，$\triangle OAB$ の面積を 2 等分する直線

➡ 原点と，2 点 A，B の[中点]を通る。

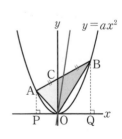

得点 アップ けP

座標平面上での図形の面積 ➡ x 軸，y 軸に平行な直線を底辺・高さとする。

特集 **2**　**図解チェック②**

問題 [　]にあてはまる語句や数値を答えなさい。

① 三角形と線分の比***

△ABC の辺 AB，AC 上またはその延長上にそれぞれ P，Q があり，PQ//BC ならば，次のことが成り立つ。（△ABC∽△APQ）

①ピラミッド型

②ちょうちょ型

$AP : AB = AQ : [AC] = PQ : [BC]$

$AP : PB = AQ : [QC]$

② 平行線と線分の比***

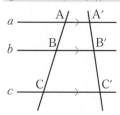

$a//b//c$ のとき，
$AB : BC$
$= A'B' : [B'C']$
$AB : AC$
$= [A'B'] : A'C'$

2つの直線がいくつかの平行線で切りとられるとき，対応する[線分の比]は等しい。

③ 中点連結定理**

三角形の2つの辺の中点を結ぶ線分は，残りの辺に[平行]で，長さはその[半分]である。

右の図の △ABC で，2辺 AB，AC の中点をそれぞれ M，N とすると，

$MN[//]BC,\ MN = [\frac{1}{2}]BC$

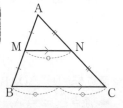

得点 アップ UP

三角形の2つの辺の中点を結ぶ線分は，残りの辺に平行で長さは半分

❹ 相似な図形の面積比^{***}

相似な 2 つの図形では,

　相似比　$a:b$

　　⬇

　面積比　$a^2:[b^2]$

面積比は, 相似比の[2 乗]に等しい。

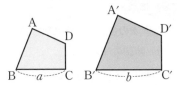

❺ 相似な立体の表面積比・体積比^{***}

相似な 2 つの立体では,

　相似比　$a:b$

　　⬇

　表面積比　$a^2:[b^2]$

　体積比　$a^3:[b^3]$

表面積比は, 相似比の[2 乗]に等しい。
体積比は, 相似比の[3 乗]に等しい。

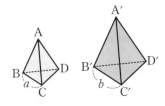

❻ 三平方の定理と空間図形^{***}

①直方体の対角線 AG の長さ

　△ACD は直角三角形だから,

　　$AC^2=[a^2+b^2]$

　△ACG は直角三角形だから,

　　$AG=\sqrt{AC^2+CG^2}=\sqrt{[a^2+b^2+c^2]}$

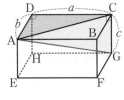

②円錐の高さ AO

　円錐の高さは頂点 A からひいた垂線 AO で,

　△ABO は直角三角形だから,

　　$AO=\sqrt{AB^2-BO^2}=\sqrt{[\ell^2-r^2]}$

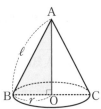

得点 アップ げP

空間図形内の直角三角形を見つけ出して, 三平方の定理の利用を考えよう。

1 be 動詞

入試重要度
☆☆☆

問題 次の各問いに答えなさい。

解答

●be動詞の使い分け

（　）内から適切な語を選びなさい。

□ 1　My brother (am, are, is) a soccer player.

1　is

□ 2*　Tom and I (am, are, is) good friends.

2　are

□ 3　We (am, is, was, were) in Kyoto.

3　were

□ 4　It (is, are, was, were) hot yesterday.

4　was

□ 5　That man (are, was, were) kind to me.

5　was

●be動詞の疑問文と否定文

6 を疑問文に，7・8 を否定文にしなさい。

□ 6　He was a nice English teacher.

_____ he a nice English teacher?

6　Was

□ 7　They are in the classroom.

They _____ in the classroom.

7　aren't
解説 are not = aren't

□ 8*　I was a student at this school.

I _____ a student at this school.

8　wasn't
解説 was not = wasn't

日本語に合うように空所を補充しなさい。

□ 9　あなたは大阪出身ですか。

_____ _____ from Osaka?

9　Are you

□10　今日は月曜日ではありません。

It _____ _____ Monday today.

10　is not

□11*　彼らは人気歌手でしたか。

_____ _____ popular singers?

11　Were they

得点
アップ
UP

●be動詞の使い分け
▶主語がIのときはam，you・複数のときはare，それ以外はis。
▶am，isの過去形はwas，areの過去形はwere。

2 一般動詞

問題 次の各問いに答えなさい。

解答

◉一般動詞の語形

（　）内の語を適切な形にしなさい。

☐ 1　I like dogs and he (like) cats.

☐ 2* My sister often (go) there and buys books.

☐ 3　The girl (cry) at the park yesterday.

☐ 4* Aya (write) a letter last night.

☐ 5* They (leave) school ten minutes ago.

1　likes

2　goes

3　cried

4　wrote

5　left

解説 write, leave は不規則動詞。

◉一般動詞の疑問文と否定文

6・7 を疑問文に， 8・9 を否定文にしなさい。

☐ 6　They practice tennis on Sundays.

_____ they _____ tennis on Sundays?

☐ 7* Kumi saw a bird.

_____ Kumi _____ a bird?

☐ 8* I cooked breakfast today.

I _____ _____ breakfast today.

☐ 9* He watches soccer games on TV.

He _____ _____ soccer games on TV.

日本語に合うように空所を補充しなさい。

☐ 10　私は今日バスで学校へ来ませんでした。

I _____ _____ to school by bus today.

☐ 11　あなたは昨日私のペンを使いましたか。

_____ you _____ my pen yesterday?

6　Do, practice

7　Did, see

8　didn't cook

9　doesn't watch

解説 疑問文・否定文の一般動詞は原形。

10　didn't come

11　Did, use

得点
アップ
UP

◎一般動詞の疑問文と否定文

▶一般動詞の疑問文は〈Do〔Does／Did〕＋主語＋動詞の原形〜？〉。

▶一般動詞の否定文は〈主語＋do〔does／did〕not＋動詞の原形〜．〉。

145

3 進行形

問題 次の各問いに答えなさい。

解答

◉現在進行形

日本語に合うように空所を補充しなさい。

□ 1 彼女は今，本を読んでいます。

She _____ _____ a book now.

□ 2 女の子たちが向こうで走っています。

Girls _____ _____ over there.

下線部の意味を言いなさい。

□ 3 It is raining in Nagano.

意味の通る文になるように並べかえなさい。

□ 4* (you, the dishes, washing, are) now?

□ 5* (isn't, to, he, listening) music.

◉過去進行形

( )内から適切な語を選びなさい。

□ 6 Ken (is, was) helping me then.

□ 7* (Did, Were) you using a computer?

日本語に合うように空所を補充しなさい。

□ 8 私はテレビを見ていました。

I _____ _____ TV.

□ 9 彼らはそのとき眠っていませんでした。

They _____ _____ then.

□10 その男性は車を運転していたのですか。

_____ the man _____ a car?

---

1 is reading
解説 〈am/are/is＋～ing〉
「～している」

2 are running

3 雨が降っている

4 Are you washing
the dishes

5 He isn't listening
to

6 was
解説 then「そのとき」

7 Were

8 was watching
解説 〈was/were＋～ing〉
「～していた」

9 weren't sleeping

10 Was, driving

得点
アップ
UP

◉進行形にしない動詞
▶状態を表す動詞：know，like，live，have（持っている）など。
ただし，haveは「食べる」という意味では進行形にできる。

4 未来を表す表現

問題 次の各問いに答えなさい。

解答

◉be going to ～

下線部の意味を答えなさい。

☐ 1* I am going to play tennis tomorrow.

☐ 2 He is not going to watch TV today.

意味の通る文になるように並べかえなさい。

☐ 3 Yuki (is, visit, going, to) her aunt.

☐ 4* (you, to, are, going) clean your room?

☐ 5 (you, to, he's, call, going) tomorrow.

1　するつもりだ

2　見るつもりはない

3　is going to visit

4　Are you going to

5　He's going to call you

◉will

日本語に合うように空所を補充しなさい。

☐ 6* ジェーンはそこで彼に会うでしょう。

　　Jane ＿＿＿＿ ＿＿＿＿ him there.

☐ 7* 彼は今日は勉強しないでしょう。

　　He ＿＿＿＿ ＿＿＿＿ today.

☐ 8 私はあなたを手伝うつもりです。

　　＿＿＿＿ ＿＿＿＿ you.

下線部の意味を答えなさい。

☐ 9 It will be cold tomorrow.

疑問文にして，yes / no で答えなさい。

☐ 10* Ms. Tanaka will buy a car.

　　＿＿＿＿ Ms. Tanaka ＿＿＿＿ a car?

　　ー Yes, she ＿＿＿＿. / No, she ＿＿＿＿.

6　will meet〔see〕
解説 動詞は原形。

7　won't study
解説 will not = won't

8　I'll help
解説 I will = I'll

9　寒くなるだろう

10　Will, buy /
will / won't

得点
アップ
UP

◎未来を表す表現
▶〈be going to＋動詞の原形〉と〈will＋動詞の原形〉は「～するつもりだ」「～だろう」という「未来」や「意志」を表す。

5 疑問詞

入試重要度
☆☆☆

問題 次の各問いに答えなさい。

解答

◉いろいろな疑問詞

空所に適切な疑問詞を補充しなさい。

□ 1 ＿＿＿＿ is Mika? ― She's my friend.

1 Who

□ 2 ＿＿＿＿ is yours, this one or that one?
　 ― This one is mine.

2 Which
解説 which「どちら」

□ 3 ＿＿＿＿ are you doing? ― I'm studying.

3 What

□ 4 ＿＿＿＿ do you go to school? ― By bus.

4 How

□ 5* ＿＿＿＿ is she sad?
　 ― Because her dog is sick.

5 Why
解説 why「なぜ」
because「～だから」

日本語に合うように空所を補充しなさい。

□ 6 あなたはどこの出身ですか。

　 ＿＿＿＿ ＿＿＿＿ you from?

6 Where are

□ 7 ケンはいつテニスの練習をしますか。

　 ＿＿＿＿ ＿＿＿＿ Ken practice tennis?

7 When does
解説 疑問詞のあとは疑問文の語順。

◉〈疑問詞＋名詞〉／〈How＋形容詞[副詞]〉

下線部をたずねる疑問文を作りなさい。

□ 8* Kumi likes <u>math</u>.

　 ＿＿＿＿ ＿＿＿＿ does Kumi like?

8 What subject
解説 〈what＋名詞〉「何の〔どんな〕～」

□ 9* It's <u>seven o'clock</u> now.

　 ＿＿＿＿ ＿＿＿＿ is it now?

9 What time

□ 10* She has <u>three</u> cats.

　 ＿＿＿＿ ＿＿＿＿ cats does she have?

10 How many
解説 「いくつの～」

得点
アップ
UP

◎よく出る疑問詞
▶What time ～?「何時(に)～」, How many ～?「いくつの～」,
How long ～?「どれくらい長く～」, How much ～?「いくら～」など。

6 命令文

入試重要度
☆☆☆

問題 次の各問いに答えなさい。

解答

◉肯定の命令文

日本語に合うように空所を補充しなさい。

□ 1* 窓を開けなさい。

＿＿＿＿ the window.

1 Open
解説 動詞で始める。

□ 2 私に英語を教えてください。

＿＿＿＿ ＿＿＿＿ me English.

2 Please teach
解説 〈please＋命令文〉
「～してください」

□ 3* みんなに親切にしなさい。

＿＿＿＿ kind to everyone.

3 Be
解説 be 動詞の命令文は
Be ～. となる。

◉否定の命令文

下線部の意味を答えなさい。

□ 4 Don't speak Japanese in this class.

4 話してはいけない

日本語に合うように空所を補充しなさい。

□ 5* ここでサッカーをしてはいけません。

＿＿＿＿ ＿＿＿＿ soccer here.

5 Don't play

□ 6 ケン，今はテレビを見てはいけません。

Ken, ＿＿＿＿ ＿＿＿＿ TV now.

6 don't watch
解説 Kenは呼びかけの語。
主語ではない。

◉勧誘する文

下線部の意味を答えなさい。

□ 7 Let's cook lunch.

7 料理しましょう
解説 〈Let's＋動詞の原形
～.〉「～しましょう」

日本語に合うように空所を補充しなさい。

□ 8* 3時に会いましょう。

＿＿＿＿ ＿＿＿＿ at three.

8 Let's meet

得点アップUP

◉いろいろな命令文
▶ 〈Don't＋動詞の原形～.〉は「禁止」を表す。
▶ 〈Let's＋動詞の原形～.〉は「勧誘」を表す。pleaseはつけない。

7 接続詞

問題 次の各問いに答えなさい。

解答

◎and, but, or, so

(　)内から適切な語を選びなさい。

□ 1　I like English (but, and, or) math.

□ 2　He can play the guitar, (and, or, but) I can't.

□ 3　Do you come to school by bus (but, or, so) by bike?

□ 4　I was sick, (or, so, but) I didn't go out.

1　and

2　but

3　or
解説 「バスで来ますか，それとも自転車で来ますか」

4　so
解説 〈so＋結果〉

◎when, if, because

下線部の意味を答えなさい。

□ 5* I was reading <u>when he visited me</u>.

□ 6* I didn't watch TV <u>because I had homework</u>.

日本語に合うように空所を補充しなさい。

□ 7* もし図書館へ行けば，あなたは彼に会えます。

　　_____ you _____ to the library, you can see him.

5　彼が私を訪れたとき

6　私は宿題があったので

7　If, go

◎that

意味の通る文になるように並べかえなさい。

□ 8* I think (right, that, you're).

□ 9* Do you (that, he, know) plays soccer?

□ 10* I hope (win, you, will) the game.

8　that you're right

9　know that he

10　you will win

得点
アップ
UP

◎whenやifの文

▶whenやifに続く文では，未来のことも現在形で表す。

If it <u>rains</u> tomorrow, I will stay home. 「明日雨なら，家にいます。」

8 There is〔are〕～.

入試重要度 ☆☆☆

問題 次の各問いに答えなさい。

解答

◎There is〔are〕～.の文

（　）内から適切な語（句）を選びなさい。

☐ 1　There (is, are) a book on the desk.

☐ 2　There (is, are) two cats under the bed.

☐ 3*　There is (a bag, two bags) by the window.

ほぼ同じ意味になるように空所を補充しなさい。

☐ 4*　Our city has two museums.

　＿＿＿＿ are two museums ＿＿＿＿ our city.

1　is

2　are

3　a bag

解説（人）や（もの）が単数なら is，複数なら are。

4　There, in

◎There is〔are〕～.の疑問文と否定文

疑問文にして，yes / no で答えなさい。

☐ 5　There are tall trees in the park.

　＿＿＿＿ ＿＿＿＿ tall trees in the park?

　－ Yes, ＿＿＿＿ ＿＿＿＿. /

　　No, ＿＿＿＿ ＿＿＿＿.

意味の通る文になるように並べかえなさい。

☐ 6*（ a camera, on, there, is) the table?

日本語に合うように空所を補充しなさい。

☐ 7* そこにピアノはありません。

　＿＿＿＿ ＿＿＿＿ a piano there.

☐ 8* 部屋に生徒は1人もいません。

　＿＿＿＿ ＿＿＿＿ any students in the room.

5　Are there /
there are /
there aren't

6　Is there a camera
on

7　There isn't
[There's not]

8　There aren't

得点アップUP

◎There is〔are〕～.が使えない場合

▶my pen など特定のものを指すときは，There is〔are〕～.は使えない。

×There is my pen on the desk.　○My pen is on the desk.

9 前置詞

入試重要度
☆☆☆

問題 次の各問いに答えなさい。

解答

◉時を表す前置詞

（　）内から適切な語を選びなさい。

□ 1　We practice soccer (in, on, for) Sundays.

□ 2　I went shopping (to, in, with) the morning.

□ 3　He will arrive here (at, on, in) six.

日本語に合うように空所を補充しなさい。

□ 4　彼女は2010年に日本へ来ました。

　　She came to Japan _____ 2010.

□ 5　私は夏に泳ぐことが好きです。

　　I like to swim _____ summer.

◉場所を表す前置詞

（　）内から適切な語を選びなさい。

□ 6　I live (in, at, to) Osaka.

日本語に合うように空所を補充しなさい。

□ 7　机の上に本があります。

　　There is a book _____ the desk.

□ 8　私はユミとアキの間に座りました。

　　I sat _____ Yumi and Aki.

◉いろいろな前置詞

空所に適切な前置詞を補充しなさい。

□ 9　I came to school _____ bike.

□ 10　This chair is made _____ wood.

1　on

2　in
解説 in the morning「午前中に」

3　at
解説〈at＋時刻〉

4　in

5　in
解説〈in＋季節〉

6　in

7　on

8　between
解説 between A and B「AとBの間に」

9　by

10　of

得点
アップ
UP

◉よく出る前置詞

▶〈on＋日付，曜日〉，〈in＋月，年，季節〉，〈at＋時刻〉，〈for＋期間〉，〈by＋交通手段〉，〈by＋動作主〉，〈with＋身につけているもの〉など。

10 助動詞

入試重要度
☆☆☆

問題 次の各問いに答えなさい。

解答

◉いろいろな助動詞

下線部の意味を答えなさい。

□ 1　I can speak English.

□ 2　You may go to the zoo.

□ 3　You should help your parents.

日本語に合うように空所を補充しなさい。

□ 4　彼は速く走ることができません。

　　He ＿＿＿＿＿ ＿＿＿＿＿ fast.

□ 5*　中へ入ってもいいですか。

　　＿＿＿＿＿ ＿＿＿＿＿ come in?

◉must と have to ～

下線部の意味を答えなさい。

□ 6　He must practice soccer every day.

□ 7*　She has to bring that book.

□ 8*　You must not swim in this river.

□ 9*　I don't have to get up early on Sunday.

◉依頼，勧誘する文

ほぼ同じ意味になるように空所を補充しなさい。

□ 10*　Please close the door.

　　＿＿＿＿＿ ＿＿＿＿＿ close the door?

□ 11*　Let's go to see a movie.

　　＿＿＿＿＿ ＿＿＿＿＿ go to see a movie?

1　話すことができる

2　行ってもよい
　　〔行くかもしれない〕

3　手伝うべきだ
解説 助動詞のあとは動詞の原形が続く。

4　cannot〔can't〕run

5　May〔Can〕I
解説 許可を求める表現。May I ～の方がていねいな表現。

6　練習しなければならない

7　持ってこなければならない

8　泳いではいけない

9　起きなくてもよい

10　Can〔Will / Could / Would〕you

11　Shall we

社会
理科
数学
英語
国語

　得点
　アップ
　UP

◎注意したい助動詞の否定文

▶〈must not+動詞の原形〉＝「～してはいけない」

▶〈don't〔doesn't〕have to+動詞の原形〉＝「～しなくてもよい」

11 文構造①

問題 次の各問いに答えなさい。

解答

◉〈主語＋動詞〉（SV）

各文の主語（S）と動詞（V）を答えなさい。

□ 1　I walk to school every day.

□ 2　Ken talked to the girl in English.

□ 3　She came home with Emi.

意味の通る文になるように並べかえなさい。

□ 4　(runs, fast, she, very).

◉〈主語＋動詞＋補語〉（SVC）

下線部の意味を答えなさい。

□ 5* He <u>looks happy</u>.

□ 6* That <u>sounds interesting</u>.

日本語に合うように空所を補充しなさい。

□ 7　彼女はとても忙しいです。

　　She _____ very _____.

□ 8* 彼は教師になりました。

　　He _____ a _____.

◉〈主語＋動詞＋目的語〉（SVO）

（　）内から適切な語を選びなさい。

□ 9　She (is, likes) basketball.

□ 10　I (am, want) a new bike.

□ 11　You (aren't, don't) have any sisters.

□ 12　(Did, Was) he study English?

1　(S) I　(V) walk

2　(S) Ken　(V) talked

3　(S) She　(V) came

4　She runs very fast.

5　幸せそうに見える
解説 〈look＋形容詞〉「～のように見える」

6　おもしろそうに聞こえる
解説 〈sound＋形容詞〉「～のように聞こえる」

7　is, busy

8　became, teacher

9　likes

10　want

11　don't

12　Did

```
◉補語と目的語の見分け方
▶〈主語＋動詞＋補語〉の文では、〈主語＝補語〉の関係が成り立つ。
▶〈主語＋動詞＋目的語〉の文では、〈主語＝目的語〉の関係は成り立たない。
```
得点
アップ
UP

12 文 構 造 ②

入試重要度
☆☆☆

問題 次の各問いに答えなさい。

解答

社会 理科 数学 英語 国語

◎〈主語＋動詞＋目的語＋目的語〉(SVOO)

意味の通る文になるように並べかえなさい。

□ 1* I (him, pictures, showed, some).

□ 2 Please (way, tell, the, me) to the station.

1 showed him some
pictures

2 tell me the way
解説 〈動詞＋人＋もの〉の
語順。

◎〈主語＋動詞＋目的語＋補語〉(SVOC)

日本語に合うように空所を補充しなさい。

□ 3* その歌は彼を有名にするでしょう。

The song will make _____ _____.

□ 4 彼はときどき私をハルと呼びます。

He sometimes _____ _____ Haru.

3 him famous

4 calls me
解説 目的語が代名詞のと
きは，目的格にする。

◎ 5 文型

次の 5 ～ 9 と同じ形(文型)の文をア～オから選びなさい。

□ 5 He studies hard.

□ 6 She is kind to everyone.

□ 7 I bought a pen at that store.

□ 8 My aunt sent me a birthday present.

□ 9 I call her Pat.

ア I named my dog Bob.

イ I made my sister a doll.

ウ He became a famous musician.

エ I swim every Sunday.

オ I want a new computer.

5 エ

6 ウ

7 オ

8 イ

9 ア

解説 主語・動詞・補語・
目的語のうちのどの組み合
わせで文が成り立っている
かを考える。

得点
アップ
UP

◎〈主語＋動詞＋人＋もの〉の書きかえ

▶〈主語＋動詞＋人＋もの〉の文は，〈主語＋動詞＋もの＋to [for] ＋人〉
に書きかえることができる。 動詞によってtoとforを使い分ける。

13 不定詞 ①

問題 次の各問いに答えなさい。

解答

◎名詞的用法

下線部の意味を答えなさい。

□ 1* I <u>want to eat</u> Chinese food for dinner.

意味の通る文になるように並べかえなさい。

□ 2　She (to, likes, cook).

□ 3　(books, read, to) is important.

1　食べたい
解説〈to＋動詞の原形〉「〜すること」

2　likes to cook

3　To read books

◎副詞的用法

下線部の意味を答えなさい。

□ 4　I went shopping <u>to buy</u> some notebooks.

意味の通る文になるように並べかえなさい。

□ 5* I (see, to, visited, Kyoto) Kinkaku-ji.

□ 6　I'm (to, happy, meet) you again.

4　買うために
解説〈to＋動詞の原形〉「〜するために」

5　visited Kyoto to see

6　happy to meet
解説「会えてうれしい」

◎形容詞的用法

意味の通る文になるように並べかえなさい。

□ 7　I didn't have (watch, to, time) TV.

日本語に合うように空所を補充しなさい。

□ 8* 私にはしなければならない宿題がたくさんあります。

I have a lot of homework ＿＿＿＿ ＿＿＿＿.

□ 9* 私は何か飲むものがほしい。

I want something ＿＿＿＿ ＿＿＿＿.

7　time to watch
解説〈to＋動詞の原形〉「〜するための，〜すべき」

8　to do

9　to drink

◎不定詞の 3 用法

▶名詞的用法の不定詞は，主語・補語・目的語になる。

▶副詞的用法は，「目的」や「感情の原因」を表す。

▶形容詞的用法は，〈to＋動詞の原形〉が直前の名詞を修飾する。

14 不定詞 ②

入試重要度
☆☆☆

問題 次の各問いに答えなさい。

解答

◉特別な形で使われる不定詞

意味の通る文になるように並べかえなさい。

□ 1* Is it hard (you, read, for, to) this book?

1　for you to read

□ 2* I don't know (to, ride, how) a unicycle.

2　how to ride

□ 3* She (asked, to, cook, me) breakfast.

3　asked me to cook

□ 4* Can you (me, help, do) my work?

4　help me do

□ 5 My brother often (me, play, lets) his guitar.

5　lets me play

日本語に合うように空所を補充しなさい。

□ 6* どこで食料を買うのか教えてください。

Please tell me ＿＿＿＿ ＿＿＿＿ ＿＿＿＿ food.

6　where to buy

□ 7* 私は彼にここに来てほしい。

I ＿＿＿＿ him ＿＿＿＿ ＿＿＿＿ here.

7　want, to come

□ 8* その問題を解決することは難しいですか。

Is ＿＿＿＿ difficult ＿＿＿＿ ＿＿＿＿ the trouble?

8　it, to solve

□ 9 私の妹はあまりにも若いので一人で眠れません。

My sister is ＿＿＿＿ young ＿＿＿＿ sleep alone.

9　too, to

□10 私の母は私に部屋を掃除させました。

My mother ＿＿＿＿ me ＿＿＿＿ my room.

10　made, clean

ほぼ同じ意味になるように空所を補充しなさい。

□11* To study English is important for us.

＿＿＿＿ important for us ＿＿＿＿ ＿＿＿＿ English.

11　It's, to study

□12 I hope that Mark will show me how to ski.

I want ＿＿＿＿ ＿＿＿＿ ＿＿＿＿ me how to ski.

12　Mark to tell

> 得点
> アップ
> UP
>
> ◉原形不定詞
> ▶toのない不定詞を 原形不定詞 という。
> ▶原形不定詞は, help, make, letなどといっしょに使われる。

15 不定詞と動名詞

問題 次の各問いに答えなさい。

解答

◉不定詞と動名詞の使い分け

（　）内から適切な語(句)を選びなさい。

□ 1* I want (to go, going) to Yokohama.　1　to go

□ 2* I enjoyed (to walk, walking) in the park.　2　walking

□ 3* Did you finish (to read, reading) this book?　3　reading

□ 4 I hope (to meet, meeting) you again.　4　to meet

□ 5 She (liked, finished) to write letters.　5　liked

日本語に合うように空所を補充しなさい。

□ 6 彼は新しい車を買う決心をしました。　6　to buy

He decided ＿＿＿＿ ＿＿＿＿ a new car.

□ 7* 話をするのをやめなさい。　7　talking

Stop ＿＿＿＿.　〔speaking〕

□ 8* 彼らは音楽を聞いて楽しむでしょう。　8　enjoy listening

They will ＿＿＿＿ ＿＿＿＿ to music.

◉不定詞と動名詞の書きかえ

ほぼ同じ意味になるように空所を補充しなさい。

□ 9* To teach English is my job.　9　Teaching

＿＿＿＿ English is my job.

□ 10 She started singing.　10　to sing

She started ＿＿＿＿ ＿＿＿＿.

□ 11 I like to see movies.　11　seeing

I like ＿＿＿＿ movies.

◉不定詞・動名詞を目的語にとる場合

▶不定詞のみを目的語にとる動詞：want, hope, decideなど。

▶動名詞のみを目的語にとる動詞：enjoy, finish, stopなど。

16 分 詞

問題 次の各問いに答えなさい。

解答

◉〈名詞＋分詞＋語句〉

（　）内から適切な語を選びなさい。

□ 1　The boy (playing, plays) the piano is Bob.

□ 2　Who is the girl (cried, crying) over there?

□ 3　This is the table (making, made) by Tom.

（　）内の語を適切な形（1語）にしなさい。

□ 4*　The girl (sing) a song is my sister.

□ 5*　The picture (take) by Yuki was nice.

□ 6*　I have a friend (call) Yuma.

意味の通る文になるように並べかえなさい。

□ 7*　I know (Ken, with, the boy, running).

□ 8*　I want (Chinese, a book, in, written).

□ 9*　(the door, by, the dog, sleeping) is Kuro.

◉〈分詞＋名詞〉

日本語に合うように空所を補充しなさい。

□10　泳いでいる少年は私の弟です。

The ＿＿＿＿ ＿＿＿＿ is my brother.

□11　あの踊っている少女を知っていますか。

Do you know that ＿＿＿＿ ＿＿＿＿?

□12　私は中古の自転車を買いました。

I bought a ＿＿＿＿ ＿＿＿＿.

1　playing

2　crying

3　made
解説 現在分詞（〜ing）→「〜している」，過去分詞→「〜された」

4　singing

5　taken

6　called

7　the boy running with Ken

8　a book written in Chinese

9　The dog sleeping by the door

10　swimming boy

11　dancing girl

12　used bike〔bicycle〕
解説 used「中古の」

得点アップ UP

◉分詞の位置
▶分詞が語句などを伴って名詞を修飾するときは，〈分詞＋語句〉を名詞のあとに置く。
▶分詞1語で名詞を修飾するときは，分詞を名詞の前に置く。

17 比　較 ①

問題 次の各問いに答えなさい。

解答

◉ as 〜 as ... の文

日本語に合うように空所を補充しなさい。

□ 1 彼はケンと同じくらい背が高い。

He is ＿＿＿＿ ＿＿＿＿ ＿＿＿＿ Ken.

1 as tall as

□ 2 この自転車は私のと同じくらい新しい。

This bike is ＿＿＿＿ ＿＿＿＿ ＿＿＿＿ mine.

2 as new as
解説 as 〜 as ...「… と同じくらい〜」

◉ 比較級の文

下線部の意味を答えなさい。

□ 3 You are busier than me.

□ 4 She runs faster than Aya.

3 私よりも忙しい
解説 〈比較級＋than ...〉「…よりも〜」

日本語に合うように空所を補充しなさい。

□ 5* このカメラはあのカメラよりも小さい。

This camera is ＿＿＿＿ ＿＿＿＿ that one.

4 アヤよりも速く
解説 副詞の比較級

5 smaller than

◉ 最上級の文

下線部の意味を答えなさい。

□ 6 This dog is the biggest in this shop.

日本語に合うように空所を補充しなさい。

6 いちばん大きい
解説 〈the＋最上級〉「いちばん〜」

□ 7* 私は家族でいちばん早く起きます。

I get up the ＿＿＿＿ ＿＿＿＿ my family.

7 earliest in

□ 8* これは3本の中でいちばん長いえんぴつです。

This is ＿＿＿＿ ＿＿＿＿ ＿＿＿＿ of the
three.

8 the longest pencil
解説 〈the＋最上級＋名詞〉「いちばん〜な…」

得点
アップ
UP

◉ in と of の使い分け

▶ 最上級の文で「〜の中で」と言うとき、〈in＋場所〔範囲〕〉、〈of＋all〔複数を表す語句〕〉で表す。(例) in Japan, in the class, of all「すべての中で」

18 比　較 ②

問題 次の各問いに答えなさい。

◉つづりの長い形容詞・副詞

下線部の意味を答えなさい。

□ 1　Love is <u>more important than money.</u>

□ 2　This question is <u>the most difficult.</u>

日本語に合うように空所を補充しなさい。

□ 3※　この絵はあれよりも美しい。

　This picture is ＿＿＿＿＿ ＿＿＿＿＿ ＿＿＿＿＿

　that one.

□ 4※　この歌は今年いちばん人気があります。

　This song is the ＿＿＿＿＿ ＿＿＿＿＿ this year.

◉better, best

日本語に合うように空所を補充しなさい。

□ 5※　彼は野球よりもサッカーがじょうずです。

　He plays soccer ＿＿＿＿＿ ＿＿＿＿＿ baseball.

□ 6※　私はすべての教科で数学がいちばん好きです。

　I like math the ＿＿＿＿＿ of all the subjects.

□ 7※　彼女はクラスでいちばんじょうずに歌います。

　She sings the ＿＿＿＿＿ in her class.

□ 8※　イヌとネコではどちらが好きですか。

　＿＿＿＿＿ do you like ＿＿＿＿＿, dogs ＿＿＿＿＿

　cats?

解答

社会

理科

数学

英語

国語

1　お金よりも大切だ

2　いちばん難しい

3　more beautiful
　than

4　most popular
解説 つづりの長い形容詞・副詞の比較級は語の前に more, 最上級は most をつける。

5　better than
解説 well の比較級は better。

6　best
解説 like 〜(the) best「〜がいちばん好きだ」

7　best
解説 wellの最上級はbest。

8　Which, better, or

得点
アップ
UP

◉like 〜 better than ...
▶like 〜 better than ...＝「…より〜が好きだ」
▶Which do you like better, A or B?「AとBではどちらが好きですか」

19 受け身

入試重要度
☆☆☆

問題 次の各問いに答えなさい。

解答

◉受け身の用法

( )内から適切な語を選びなさい。

☐ 1　She is (loving, loved) by everyone.

1　loved

☐ 2　The building (was, is) built in 1983.

2　was
解説 in 1983 は過去を表す。

( )内の語を適切な形(1語)にしなさい。

☐ 3* English is (speak) in many countries.

3　spoken
解説 〈be動詞＋過去分詞〉「～される〔されている〕」

◉受け身の疑問文と否定文

日本語に合うように空所を補充しなさい。

☐ 4* この本は日本語で書かれていません。

This book ＿＿＿＿ ＿＿＿＿ in Japanese.

4　isn't written

☐ 5　昨日これらのボールは使われませんでした。

These balls ＿＿＿＿ ＿＿＿＿ yesterday.

5　weren't used

☐ 6* この本はケンによって読まれましたか。

＿＿＿＿ this book ＿＿＿＿ by Ken?

6　Was, read
解説 read[ríːd]の過去分詞は read[réd]。発音注意。

◉受け身への書きかえ

ほぼ同じ意味になるように空所を補充しなさい。

☐ 7　He teaches math at this school.

Math ＿＿＿＿ ＿＿＿＿ by him at this school.

7　is taught

☐ 8* Does he use this computer?

＿＿＿＿ this computer ＿＿＿＿ by him?

8　Is, used

☐ 9* Kumi didn't make this cake.

This cake ＿＿＿＿ ＿＿＿＿ by Kumi.

9　wasn't made

得点
アップ
UP

◎by ～の省略
▶受け身の文で，動作主が一般の人々を表す場合(by people, by themなど)は〈by＋動作主〉を省略することが多い。

20 現在完了形 ①

問題 次の各問いに答えなさい。

解答

◉継続用法

(　)内の語を適切な形（1語）にしなさい。

☐ 1　I have (study) Chinese since last year.

空所に for か since のどちらかを補充しなさい。

☐ 2*　Mike has been busy _____ this morning.

☐ 3*　He has been sick _____ a week.

☐ 4*　I've played tennis _____ I was ten.

◉経験用法

下線部の意味を答えなさい。

☐ 5*　He <u>has been to</u> Okinawa.

☐ 6　<u>Have you ever seen</u> koalas?

☐ 7　Lisa <u>has never eaten</u> *sashimi*.

◉完了用法

日本語に合うように空所を補充しなさい。

☐ 8　彼はちょうど名古屋に着いたところです。

He _____ _____ arrived in Nagoya.

☐ 9*　私はもう手紙を書いてしまいました。

I have _____ _____ a letter.

☐ 10*　あなたはもう夕食をすませましたか。

_____ you finished your dinner _____?

☐ 11*　私はまだこの本を読んでいません。

I _____ read this book _____.

1　studied

2　since

3　for

4　since

解説 2 の since は前置詞、4 の since は接続詞。

5　へ行ったことがある

6　今までに見たことがありますか

7　一度も食べたことがない

8　has just

9　already written

10　Have, yet

11　haven't, yet

解説 just, already は have 〔has〕と過去分詞の間に置く。yet は文末に置く。

得点
アップ
UP

◉継続用法のforとsinceの使い分け

▶ for「〜間」のあとには期間を表す語句がくる。

▶ since「〜以来」のあとには過去のある時点を表す語句や文がくる。

21 現在完了形 ②

月　日

入試重要度
☆ ☆ ☆

問題 次の各問いに答えなさい。

解答

◉現在完了形の用法

( )内から適切な語を選びなさい。

☐ 1* He has looked busy (for, since) yesterday.

☐ 2 I have (ever, never) visited Korea.

☐ 3 Have you done your work (already, yet)?

☐ 4 I (haven't, wasn't) done my work yet.

☐ 5 I have never (saw, seen) the movie.

下線部の意味を答えなさい。

☐ 6* Ken <u>hasn't read</u> the book <u>yet</u>.

☐ 7 <u>Have you ever seen</u> the movie?

☐ 8 <u>How long has she lived</u> in Tokyo?

1	since
2	never
3	yet
4	haven't
5	seen
6	まだ読んでいない
7	今までに見たことがありますか
8	彼女はどのくらいの間住んでいますか

◉現在完了進行形

現在完了進行形の文になるように空所を補充しなさい。

☐ 9* I _____ _____ studying since this morning.

☐10 _____ he _____ reading the book?

☐11 They _____ _____ running for an hour.

意味の通る文になるように並べかえなさい。

☐12* John (been, watching, has) TV for three hours.

☐13* How long (tennis, you, been, have, playing)?

9 have been

10 Has, been

11 have been

12 has been watching

13 have you been playing tennis

解説 現在完了進行形は〈have been+ ～ing〉で表す。

> 得点
> アップ
> UP
>
> ◉現在完了形と現在完了進行形
> ▶状態が継続しているときは現在完了形を，動作が継続しているときは現在完了進行形を使う。

164

22 関係代名詞

問題 次の各問いに答えなさい。

解答

◉主語のはたらきをする関係代名詞

（　）内から適切な語を選びなさい。

☐ 1　I have a friend (who, which) likes dogs.

☐ 2　I ride a bike (who, which) looks new.

☐ 3*　Tom is a boy that (speak, speaks) Japanese.

空所に適切な関係代名詞を補充しなさい。

☐ 4*　I bought a book ＿＿＿＿ has a lot of pictures.

☐ 5*　They are looking for a man ＿＿＿＿ plays soccer well.

1　who

2　which
解説 先行詞(人)→ who〔that〕, (もの・動物) → which〔that〕。

3　speaks
解説 先行詞 a boy は三人称・単数。

4　which〔that〕

5　who〔that〕

◉目的語のはたらきをする関係代名詞

（　）内から適切な語を選びなさい。

☐ 6　The cake (who, which) she made was good.

☐ 7　I met a girl (that, which) you know well.

日本語に合うように空所を補充しなさい。

☐ 8*　これは彼女が書いた手紙です。

This is a letter ＿＿＿＿ ＿＿＿＿ wrote.

☐ 9*　私が訪れた町はすてきでした。

The town ＿＿＿＿ I ＿＿＿＿ was nice.

☐ 10*　私が東京で会った少年はボブです。

The boy ＿＿＿＿ ＿＿＿＿ in Tokyo is Bob.

6　which

7　that
解説 先行詞(人)→ that, (もの・動物)→which〔that〕。

8　which〔that〕 she

9　which〔that〕, visited

10　I met〔saw〕
解説 関係代名詞の省略。

得点アップ UP

◉関係代名詞の省略
▶目的格の関係代名詞は省略することができる。関係代名詞を省略しても文の意味は変わらない。

23 間 接 疑 問

入試重要度
☆ ☆ ☆

問題 次の各問いに答えなさい。

解答

◉間接疑問の意味

下線部の意味を答えなさい。

□ 1　I don't know <u>who he is</u>.

□ 2　Do you know <u>where Jim lives</u>?

□ 3　I don't know <u>which bike is yours</u>.

□ 4　Do you understand <u>what he said</u>?

1　彼<ruby>彼<rt>かれ</rt></ruby>がだれか

2　ジムがどこに住んでいるか

3　どちらの自転車があなたのものか

4　彼が何と言ったか

◉間接疑問の語順

意味の通る文になるように並べかえなさい。

□ 5* I know (will, where, she) go tomorrow.

□ 6* Do you know (time, gets, what, he) up?

□ 7　I don't know (is, box, in, what, the).

次の2文を1文にしなさい。

□ 8　Why does she look sad? I don't know that.
　　I don't know ＿＿＿＿ ＿＿＿＿ ＿＿＿＿ sad.

□ 9　How did he come here? Do you know?
　　Do you know ＿＿＿＿ he ＿＿＿＿ here?

ほぼ同じ意味になるように空所を補充<ruby>補充<rt>ほじゅう</rt></ruby>しなさい。

□ 10* I don't know his name.
　　= I don't know ＿＿＿＿ his ＿＿＿＿ is.
　　= I don't know ＿＿＿＿ he ＿＿＿＿.

□ 11* He knows her birthday.
　　He knows ＿＿＿＿ she ＿＿＿＿ born.

5　where she will

6　what time he gets

7　what is in the box
解説 「箱の中に何があるか」

8　why she looks
解説 動詞の語形に注意。

9　how, came

10　what, name /
　　who, is

11　when, was
解説 be born「生まれる」

得点
アップ
ＵＰ

◉間接疑問の語順

▶ 間接疑問の疑問詞以下の語順は〈疑問詞＋主語＋動詞〜〉となる。

▶ 疑問詞が主語である場合は語順は変わらず、〈疑問詞＋動詞〜〉となる。

24 仮 定 法

問題 次の各問いに答えなさい。

解答

◉仮定法の用法

( )に入る語をあとから選びなさい。同じものを何度
選んでもよい。

□ 1* If I ( ) more money, I would buy a new car.

□ 2* If I ( ) you, I wouldn't say so.

□ 3 ( ) you had the game, we could play
together with it.

□ 4* If you ( ) a cook, I could eat good dishes.

□ 5 I ( ) it got sunny.

have	has	had	are	is	were
wish	hope	will	would	If	Though

下線部の意味を答えなさい。

□ 6 If I were a vet, I could save your cat.

□ 7 I wish it were Sunday today.

□ 8* If I had a dog, I would take it to the park
every day.

日本語に合うように空所を補充しなさい。

□ 9* もし私が自転車を持っていたら，早く学校に着
けるのに。

＿＿＿＿ I ＿＿＿＿ a bike, I ＿＿＿＿ get to
school early.

□10* あなたが私のお兄さんだったらいいのに。

I ＿＿＿＿ you ＿＿＿＿ my brother.

1　had

2　were

3　If

4　were

5　wish

解説 仮定法の if 節では，
be 動詞は were を使うこ
とが多い。

6　もし私が獣医なら

7　今日が日曜日なら
いいのに。

8　私は毎日公園に連
れていくのに

解説「〜だったのに」と過
去の訳し方をしない。

9　If, had, could

10　wish, were

得点
アップ
UP

◎wouldとcould
▶would…「〜できる」という意味を含めないときに使う。
▶could…「〜できる」という意味を含めるときに使う。

25 慣用表現・熟語

問題 次の各問いに答えなさい。

解答

●よく出る慣用表現

日本語に合うように空所を補充しなさい。

□ 1* （食べものをすすめられて）けっこうです。

No, ＿＿＿＿ ＿＿＿＿.

□ 2* （ものを手渡して）はい，どうぞ。

＿＿＿＿ you ＿＿＿＿.

□ 3* （電話で）トムをお願いします。

＿＿＿＿ I ＿＿＿＿ to Tom?

意味の通る文になるように並べかえなさい。

□ 4* (about, how, going) shopping?

□ 5* (like, some, you, would) milk?

●重要な熟語

下線部の意味を答えなさい。

□ 6* I am interested in foreign cultures.

□ 7* Who takes care of this dog?

日本語に合うように空所を補充しなさい。

□ 8* 私のかばんを探してください。

Please ＿＿＿＿ ＿＿＿＿ my bag.

□ 9 彼女は英語を話すことができます。

She is ＿＿＿＿ ＿＿＿＿ speak English.

□ 10 彼は野球選手のように見えます。

He ＿＿＿＿ ＿＿＿＿ a baseball player.

1 thank you
解説「いただきます」は Yes, please. と言う。

2 Here, are

3 May〔Can〕,
speak〔talk〕

4 How about going

5 Would you like some
解説 Would you like ～?「～はいかがですか」

6 に興味がある

7 の世話をする

8 look for

9 able to
解説 be able to = can

10 looks like

得点
アップ
UP

◎提案，勧誘する表現

▶Let's ～.「～しましょう」，Why don't you〔we〕 ～?「～しませんか」，Shall we ～?「～しましょうか」，How about ～ing?「～するのはどうですか」など。

26 発音・アクセント

入試重要度
☆☆☆

問題 次の各問いに答えなさい。

解答

◉注意すべき発音

下線部の発音が他と異なる語を答えなさい。

□ 1　f<u>oo</u>d　　l<u>oo</u>k　　r<u>oo</u>m　　c<u>oo</u>l

□ 2＊ w<u>ai</u>t　　s<u>ai</u>d　　r<u>ai</u>n　　tr<u>ai</u>n

□ 3　br<u>ea</u>kfast　　m<u>ea</u>n　　t<u>ea</u>ch　　l<u>ea</u>ve

□ 4＊ us<u>e</u>ful　　new<u>s</u>　　like<u>s</u>　　el<u>s</u>e

□ 5＊ b<u>ou</u>ght　　f<u>a</u>ll　　<u>Au</u>gust　　c<u>o</u>ld

下線部と同じ発音を含む語を答えなさい。

□ 6　ear<u>th</u>　（ <u>th</u>ink　　<u>th</u>ese　　mo<u>th</u>er ）

□ 7＊ talk<u>ed</u>　（ wash<u>ed</u>　　need<u>ed</u>　　call<u>ed</u> ）

□ 8　f<u>u</u>ture　（ b<u>u</u>sy　　s<u>u</u>mmer　　m<u>o</u>ve ）

◉注意すべきアクセント

いちばん強く発音する部分の記号を答えなさい。

□ 9＊ with-out
　　ア　イ

□ 10＊ fa-vor-ite
　　ア　イ　ウ

□ 11＊ al-read-y
　　ア　イ　ウ

□ 12 re-mem-ber
　　ア　イ　ウ

□ 13 dif-fer-ent
　　ア　イ　ウ

□ 14＊ ex-cit-ing
　　ア　イ　ウ

□ 15 pop-u-lar
　　ア　イ　ウ

□ 16＊ un-der-stand
　　ア　イ　ウ

1	look[u]
2	said[e]
3	breakfast[e]
4	news[z]
5	cold[ou]
6	think[θ]
7	washed[t]
8	move[uː]
9	イ
10	ア
11	イ
12	イ
13	ア
14	イ
15	ア
16	ウ

社会｜理科｜数学｜英語｜国語

得点
アップ
UP

◉まちがえやすい発音
▶child[tʃáild]の複数形→children[tʃíldrən]
▶say[séi]の三人称・単数・現在形→says[séz]
▶read[ríːd]の過去形，過去分詞→read[réd]

特集　さまざまな書きかえ問題

問題 次の英文がほぼ同じ意味になるように空所を補充しなさい。

❶ 助動詞の書きかえ問題

□ 1　He is able to swim very fast.

He [can] [swim] very fast.

□ 2　Don't say such a thing.

You [must] [not] say such a thing.

□ 3　Let's go shopping.

[Shall] [we] go shopping?

□ 4　How about another cup of tea?

[Would] [you] like another cup of tea?

□ 5　She is going to practice tennis.

She [will] [practice] tennis.

> ▶ POINT
>
> ❶ 2 助動詞 must は have [has] to ～ と同じ「～しなければならない」という意味を表すが，否定形になると must not は「～してはいけない」，don't [doesn't] have to ～は「～しなくてもよい」と，異なる意味を表す。

❷ 比較の書きかえ問題

□ 1　This question is not as difficult as that one.

This question is [easier] [than] that one.

□ 2　He is the tallest boy in my class.

He is [taller] [than] any other boy in my class.

□ 3　I like dogs better than any other animal.

I like dogs the [best] [of] [all] animals.

□ 4　Love is the most important for her.

[Nothing] is [more] important than [love] for her.

❸ 不定詞の書きかえ問題

□ 1　I went to Yokohama because I wanted to see my grandmother.

I went to Yokohama [to] [see] my grandmother.

□ 2　I don't know what I should do for my sick friend.

I don't know [what] [to] [do] for my sick friend.

□ 3 She said to me, " Please close the door. "

She asked [me] [to] [close] the door.

□ 4 We have to do a lot of things today.

We have a lot of things [to] [do] today.

④ 現在完了形の書きかえ問題

□ 1 My uncle went to Canada. He's still there.

My uncle [has] [gone] to Canada.

□ 2 I started to play soccer five years ago. I still play it.

I [have] [played] soccer [for] five years.

□ 3 My sister became sick yesterday. She's still sick.

My sister [has] [been] sick [since] yesterday.

⑤ 関係代名詞の書きかえ問題

□ 1 I want a book written by Murakami Haruki.

I want a book [which[that]] Murakami Haruki [wrote].

□ 2 I have a cat with blue eyes.

I have a cat [which[that]] [has] blue eyes.

□ 3 The boy sitting by the window is Tom.

The boy [who[that]] is [sitting] by the window is Tom.

⑥ いろいろな文型の書きかえ問題

□ 1 People speak English in this country.

English [is] [spoken] in this country.

□ 2 I often send a letter to Jane.

I often [send] [Jane] a letter.

□ 3 When he saw the movie, he became happy.

The movie [made] [him] [happy].

□ 4 He is a good soccer player.

He [plays] soccer [well].

□ 5 Our school has a music room.

[There] is a music room in our school.

▶ POINT

⑥ 2「(人)に(もの)を〜する」という文は〈動詞＋人＋もの〉＝〈動詞＋もの＋to[for]＋人〉の形で表す。この文型で用いられる動詞はtell, send, give, showなど。

1 熟語の構成

入試重要度
☆☆☆

問題 次の熟語の構成の説明として正しいものをあと
から選び，記号で答えなさい。

□ 1　晴天　　□ 2　賛否　　□ 3　知的
□ 4　開店　　□ 5　不利　　□ 6　延々
□ 7　変化　　□ 8　入試　　□ 9　国営

　ア　似た意味の漢字を組み合わせたもの。
　イ　反対の意味の漢字を組み合わせたもの。
　ウ　1字目が2字目を修飾しているもの。
　エ　2字目が1字目の目的語・補語になってい
　　　るもの。
　オ　主語と述語の関係になっているもの。
　カ　1字目が2字目を打ち消しているもの。
　キ　2字目が接尾語になっているもの。
　ク　長い熟語が省略されているもの。
　ケ　同じ漢字を繰り返したもの。

問題 次の熟語と同じ構成の熟語をあとから選び，記
号で答えなさい。

□ 10　握手　　□ 11　日照　　□ 12　再会
□ 13　国連　　□ 14　送迎　　□ 15　未定
□ 16　永久　　□ 17　美化

　ア　骨折　　イ　無休　　ウ　願望
　エ　好感　　オ　寒暖　　カ　原発
　キ　理性　　ク　登校

解答

1　ウ

2　イ

3　キ
解説 接尾語には「的・化・性・然」などがある。7「変化」は似た意味の漢字を組み合わせた熟語である。

4　エ
解説「店を開ける」となる。

5　カ

6　ケ
解説「国が営む」となる。

7　ア

8　ク

9　オ

10　ク

11　ア

12　エ

13　カ
解説「国際連合」「原子力発電所」の略。

14　オ

15　イ

16　ウ

17　キ

得点アップ⊖P　熟語の構成の注目ポイント

▶漢字の意味や訓読みに着目して，熟語の構成を考えよう。

2 四 字 熟 語

問題 次の四字熟語の□に入る漢字をあとから選び，記号で答えなさい。

解答

□1 破顔一□　　□2 粉骨□身
□3 不□不離　　□4 群雄割□
□5 才色□備　　□6 □口同音
□7 孤立無□　　□8 竜頭□尾

　　ア 砕　　イ 援　　ウ 異　　エ 蛇
　　オ 兼　　カ 即　　キ 笑　　ク 拠

問題 次の四字熟語と似た意味の四字熟語をあとから選び，記号で答えなさい。

□9 当意即妙　　□10 一挙両得
□11 縦横無尽　　□12 森羅万象
□13 有為転変　　□14 手前味噌

　　ア 有象無象　　イ 自由自在
　　ウ 自画自賛　　エ 一石二鳥
　　オ 諸行無常　　カ 臨機応変

問題 次の四字熟語と反対の意味の四字熟語をあとから選び，記号で答えなさい。

□15 理路整然　　□16 適材適所
□17 日進月歩　　□18 泰然自若
　　ア 旧態依然　　イ 支離滅裂
　　ウ 大材小用　　エ 右往左往

1	キ
2	ア

解説 「粉骨砕身」は，力を尽くして努力すること。

3	カ
4	ク
5	オ
6	ウ

解説 「異口同音」は，多くの人が同じことを言うこと。

7	イ
8	エ
9	カ

解説 「当意即妙」は，その場に応じ機転をきかすこと。

10	エ
11	イ
12	ア
13	オ
14	ウ
15	イ
16	ウ
17	ア
18	エ

得点アップUP

◎漢数字を含む四字熟語
▶一進一退，一期一会，一喜一憂，一日千秋，一心同体，三者三様，三寒四温，四苦八苦，七転八起，十人十色，十中八九，百発百中，千載一遇，千差万別

173

3 ことわざ

入試重要度
☆☆☆

問題 次のことわざの意味をあとから選び，記号で答えなさい。

□ 1* 馬の耳に念仏　　□ 2 海老で鯛を釣る
□ 3 鬼に金棒　　　　□ 4* 棚からぼた餅

　ア 思いがけない幸運が舞い込んで来ること。
　イ 少しの元手で大きな利益を得ること。
　ウ いくら言ってもまったく効き目がないこと。
　エ 強いものが何かを得てさらに強くなること。

問題 次のことわざと反対の意味をもつことわざをあとから選び，記号で答えなさい。

□ 5 善は急げ
□ 6 好きこそ物の上手なれ
□ 7* 案ずるより産むが易し
□ 8* 立つ鳥跡を濁さず
□ 9 待てば海路の日和あり
□10 下手の道具調べ

　ア 石橋を叩いて渡る
　イ 急がば回れ
　ウ あとは野となれ山となれ
　エ まかぬ種は生えぬ
　オ 下手の横好き
　カ 弘法筆を選ばず

解答

1　ウ

2　イ

3　エ

4　ア
解説 「開いた口へ餅」も似た意味のことわざ。

5　イ
解説 「善は急げ」は，よいと思ったことはすぐ行え，という意味。

6　オ
解説 「好きこそ物の上手なれ」は，誰でも好きなことなら熱中するので，上達が早い，という意味。

7　ア
解説 「案ずるより産むが易し」は，物事を始める前にあれこれ心配するより，やってみれば案外簡単にできるものだ，という意味。

8　ウ
解説 「立つ鳥跡を濁さず」は，立ち去る者は，きれいな状態にして去るべきだ，という意味。

9　エ　　10　カ

得点
アップ
UP

◎動物の名前を含むことわざ

▶猿も木から落ちる，鯉の滝登り，犬も歩けば棒にあたる，蛙の子は蛙，
虎の威を借る狐，泣きっ面に蜂，捕らぬ狸の皮算用，猫の手も借りたい

4 慣用句

入試重要度 ☆☆☆

社会 / 理科 / 数学 / 英語 / 国語

問題 次の慣用句の意味をあとから選び，記号で答えなさい。

□1* 煮詰まる　　□2 浮き足立つ

□3* 気が置けない　□4* 敷居が高い

　ア 期待や不安で，落ち着かなくなること。

　イ 不義理なため，訪問しづらいこと。

　ウ 考えが出つくし，結論の出る状態のこと。

　エ 遠慮や気遣いをする必要がないこと。

問題 次の慣用句と似た意味の慣用句をあとから選び，記号で答えなさい。

□5* 歯が浮く　　□6 けんもほろろ

□7 如才がない　□8 切っても切れない

　ア お愛想を言う　　イ そつがない

　ウ 取りつく島もない　エ 腐れ縁

問題 次の慣用句が互いに反対の意味になるように，[ ]に入る言葉をあとから選び，記号で答えなさい。

□9 肩をすぼめる ↔ 肩を[　　]

□10* 顔が立つ ↔ 顔が[　　]

□11 実を結ぶ ↔ 棒に[　　]

　ア つぶれる　　イ 振る

　ウ いからせる

解答

1 ウ

2 ア

3 エ

解説 「心を許せない」と誤用しないこと。

4 イ

解説 困難であることを示す「ハードルが高い」と誤用しないこと。

5 ア

6 ウ

解説 「けんもほろろ」と「取りつく島もない」は類語だが，前者の方がより冷淡な様子である。

7 イ

解説 「如才がない」も「そつがない」も抜かりがない，という意味。

8 エ

9 ウ

解説 「肩をすぼめる」は，元気がなくしょんぼりする，という意味。

10 ア

11 イ

得点アップUP ◎体の一部を含む慣用句

▶足が地に着く，目を凝らす，肩を並べる，頭が下がる，手をつくす，口を切る，耳を澄ます，手も足も出ない，鼻が高い，耳が痛い，胸を借りる

5 故事成語

問題 次の故事成語の意味をあとから選び，記号で答えなさい。

□ 1 蛍雪の功　　　□ 2 白眉
□ 3 背水の陣　　　□ 4 覆水盆に返らず
□ 5 杞憂　　　　　□ 6 呉越同舟
□ 7 虎穴に入らずんば虎子を得ず

　ア 苦労して学び，励んだ成果。

　イ 一歩も引けない追い込まれた状況で，全力をつくすこと。

　ウ 敵対している者同士が協力し合うこと。

　エ 危険を冒さなければ，功名は手に入らないこと。

　オ 一度してしまったことは，取り返しがつかないこと。

　カ 多数あるものの中で，最も優れている人やもの。

　キ 必要のない無駄な心配をすること。

問題 次の故事成語の□に入る適切な語をあとから選び，記号で答えなさい。

□ 8 五十歩□歩　　　□ 9 他山の□
□10 漁夫の□　　　　□11 塞翁が□

　ア 利　　イ 百　　ウ 馬　　エ 石

解答

1 **ア**
解説 晋の車胤は蛍の光で，孫康は雪明かりで勉強した。

2 **カ**

3 **イ**
解説 漢の韓信が趙の軍と戦ったときに，河川を背にした決死の陣形で味方を敵と戦わせ，勝利した。

4 **オ**

5 **キ**

6 **ウ**

7 **エ**

8 **イ**
解説 大差がない，という意味。

9 **エ**
解説 つまらない人の言動でも，自分の役に立つ，という意味。

10 **ア**

11 **ウ**
解説 人の幸不幸は簡単に予測できない，という意味。

得点
アップ
UP

◎よく使う故事成語の意味
▶矛盾…つじつまがあわないこと。　蛇足…無駄なもの。
　推敲…よりよい文章にするため練り直すこと。

6 言葉の単位・文の成分・文の組み立て

入試重要度 ☆☆☆

社会｜理科｜数学｜英語｜国語

問題 次の文章の，文の数と形式段落の数を答えなさい。

□ 1　ついに，大会出場をかけた決勝戦を迎えた。
しかし，緊張して思うように動けない。
　　ふとベンチの方へ目をやると，今まで一緒に頑張ってきたチームメイトの姿が見えた。

問題 次の文の，文節の数と単語の数を答えなさい。

□ 2* 明日の待ち合わせ場所は駅前の本屋だ。

問題 次の文の —— 線部の文の成分をあとから選び，記号で答えなさい。

□ 3　はい，来週は映画に行く予定です。

□ 4* 熱が出たので，学校を休んだ。

□ 5* 問題が難しすぎて，誰も答えられずにいた。

□ 6　この感動を君にもぜひ知ってほしい。

　　ア 主語　　　イ 述語　　　ウ 修飾語
　　エ 独立語　　オ 接続語　　カ 主部
　　キ 述部　　　ク 修飾部　　ケ 接続部

問題 次の文の —— 線部と〜〜〜線部の文節の関係として正しいものをあとから選び，記号で答えなさい。

□ 7* 妹は赤と白の花をたくさんつんできた。

□ 8* 図書館で借りてきた本の返却日は明日だ。

　　ア 主語・述語の関係　　　イ 並立の関係
　　ウ 修飾・被修飾の関係　　エ 補助の関係

解答

1 文の数 **3**
　形式段落の数 **2**
解説 文の数は句点(。)の数，形式段落の数は行を改め一字下がって書き始められたところにそれぞれ着目する。

2 文節の数 **4**
　単語の数 **8**
解説 明日 の／待ち合わせ場所 は／駅前 の／本屋 だ。

3 **エ**
解説 独立語には，応答，挨拶，呼びかけ，感動などの意味がある。

4 **ケ**
解説 二文節から成り立っているので，オの「接続語」ではなくケの「接続部」となる。

5 **ア**

6 **キ**
解説 6「知って ほしい」と二文節から成り立つので，述部。

7 **イ**　　**8** **エ**

得点アップ UP
◎文章を分解して分析しよう
▶言葉の単位→文章＞段落＞文＞文節＞単語
▶連文節→二文節以上の文節がひとまとまりになっているもの。

7 動　詞

入試重要度
☆☆☆

問題 次の――線部の動詞の活用の種類をあとから選び，記号で答えなさい。

解答

□1 屋上まで<u>上がる</u>と，景色が変わった。

□2* <u>練習する</u>日が限られている。

□3 テレビを<u>見</u>ているのは父だ。

□4* 彼が<u>来</u>てから大事な話をしよう。

□5 明日は早いので，もう<u>寝</u>よう。

　　ア 五段活用　　　イ 上一段活用
　　ウ 下一段活用　　エ カ行変格活用
　　オ サ行変格活用

問題 次の――線部の動詞の活用形をあとから選び，記号で答えなさい。

□6* 静かにするよう<u>注意し</u>た。

□7 父も母もお酒は<u>飲ま</u>ない。

□8* 桜が<u>咲け</u>ば花見に行こう。

□9 ごみはゴミ箱へ<u>捨て</u>よ。

　　ア 未然形　　イ 連用形　　ウ 終止形
　　エ 連体形　　オ 仮定形　　カ 命令形

問題 次の文から，可能動詞を抜き出しなさい。

□10* 英語を流暢に<u>話せる</u>ようになりたい。

問題 次の文から，補助動詞を抜き出しなさい。

□11* 体育祭の開催日時が書いてある手紙を渡す。

1 ア

2 オ
解説 サ行変格活用。「する」と，名詞の後ろに「する」がついてできた複合動詞のみ。

3 イ
解説 終止形は「見る」。

4 エ
解説 カ行変格活用は「来る」のみ。

5 ウ
解説 終止形は「寝る」。

6 イ
7 ア
8 オ
9 カ

10 話せる
解説 「可能動詞」は，「～することができる」という可能の意味をもつ動詞。

11 ある
解説 「補助動詞」は本来の意味が薄れ，直前の動詞に補助的に意味を添える動詞。

得点
アップ
UP

◎動詞の活用の種類の見分け方
▶「ない」を続けてみて，ア段の音につけば五段活用，イ段の音につけば上一段活用，エ段の音につけば下一段活用。

8 形容詞・形容動詞

入試重要度
☆☆☆

問題 次の文から, 形容詞を探して終止形で答えなさい。

□ 1 彼女は短い髪型がよく似合う。

□ 2* 雷の音がこわくて耳をふさいだ。

問題 次の文から, 形容動詞を探して終止形で答えなさい。

□ 3 親切に迎え入れてくれた。

□ 4* 水資源が豊かな町で暮らす。

問題 次の文の ── 線部の形容詞・形容動詞の活用形をあとから選び, 記号で答えなさい。

□ 5 今日から新しい靴を履く。

□ 6* おそらく正解だろう。

□ 7 ここからは水深が深くて危険だ。

□ 8* もっと静かなら, 勉強しやすいのに。

　　ア 未然形　　イ 連用形　　ウ 終止形
　　エ 連体形　　オ 仮定形

問題 次の文の ── 線部の形容詞・形容動詞と同じ活用形のものをあとから選び, 記号で答えなさい。

□ 9* さっきは危ないところだったね。

□ 10* きれいに輝く小石を見つけた。

　　ア 問題が難しければ先生に聞こう。
　　イ おそらく得点差はわずかだろう。
　　ウ 予定時間より早く家に着いた。
　　エ 目に留まったのは見事な桜だ。

解答

1 短い

2 こわい

3 親切だ

4 豊かだ

5 エ
解説 形容詞「新しい」が名詞「靴」を修飾している。

6 ア
解説 形容動詞「正解だ」。「う」に続くので未然形。

7 イ
解説 形容詞「深い」。「て」に続くので連用形。

8 オ
解説 形容動詞「静かだ」。「なら」に続くので仮定形。文脈も手がかりになる。

9 エ
解説 形容詞「危ない」の連体形。

10 ウ
解説 形容動詞「きれいだ」の連用形。

社会

理科

数学

英語

国語

得点
アップ
UP

◎形容詞・形容動詞の見分け方

▶形容詞→「い」で言い切れる。　　形容動詞→「だ」で言い切れる。

▶「きれい」「ゆかい」などは形容詞ではなく形容動詞。「きれいだ」「ゆかいだ」。

9 名　詞

問題 次の文の——線部の名詞の種類をあとから選び，記号で答えなさい。

☐ 1　<u>新商品</u>を開発する。

☐ 2　靴は<u>こちら</u>で履き替えてください。

☐ 3　日本一の山は<u>富士山</u>だ。

☐ 4　前から<u>五番目</u>が私の席だ。

☐ 5　調べた<u>ところ</u>，駅までは徒歩で20分かかる。

☐ 6　<u>誰</u>がハンカチを落としましたか？

☐ 7　将来<u>フランス</u>に留学したい。

☐ 8　明日から旅行に行く<u>つもり</u>だ。

☐ 9　来週の<u>花火大会</u>が楽しみだ。

　　ア　普通名詞　　イ　固有名詞　　ウ　数詞
　　エ　代名詞　　オ　形式名詞

問題 次の文中から，転成名詞をそれぞれ抜き出しなさい。

☐ 10　このお菓子は種類の豊富さがすごい。

☐ 11　彼女のやさしさに救われる。

☐ 12　体のゆがみを整える。

問題 次の言葉のうち，名詞でないものを答えなさい。

☐ 13　ガラス　香り　細い　重み　平和

☐ 14　あれ　聖徳太子　笑い　健やか　百点

☐ 15　ひまわり　こんな　近く　枕草子　ピアノ

解答

1　ア

2　エ

3　イ

4　ウ

5　オ

解説 形式名詞は，前の文節を受けて，形式的・補助的な働きをする。

6　エ

7　イ

8　オ

9　ア

10　豊富さ

解説 形容動詞「豊富だ」の語幹に「さ」がついて名詞になっている。

11　やさしさ

12　ゆがみ

解説 動詞「ゆがむ」の連用形を名詞として使用。

13　細い

14　健やか

15　こんな

解説 形容動詞「こんなだ」。

得点アップUP

◎注意したい名詞

▶動詞・形容詞の連用形を使用する。→（試み，香り　など）

▶形容詞・形容動詞の語幹に「み」「さ」などがつく。→（深み，速さ　など）

10 副詞・連体詞

◉副　詞

解答

問題　次の文の──線部が副詞のものを選び，記号で
答えなさい。

□ 1* ア 池の周りをゆっくり歩く。
　　　イ その本を見せてください。

1　ア

□ 2 ア もっと大きな声で話してください。
　　　イ ねえ，とても美しい花だ。

2　ア

問題　次の文の──線部の副詞の種類を答えなさい。

3　状態の副詞

□ 3 ついに目標を達成した。

4　程度の副詞

□ 4 たいへん失礼なことをした。

5　陳述（呼応）の副詞

□ 5 きっと約束通り来るだろう。

解説　副詞は活用しない自
立語で主に用語を修飾する。
主語にはなれない。

◉連体詞

問題　次の文の──線部が連体詞のものを選び，記号
で答えなさい。

□ 6 ア あらゆる情報を網羅する。
　　　イ きれいな花が咲いた。

6　ア

□ 7 ア 渋滞してまったく車が動かない。
　　　イ ほんの少しだけ種をまいた。

7　イ

□ 8 ア とんだ災難に見舞われる。
　　　イ まだ仕事が終わらないらしい。

8　ア

□ 9* ア いろんな国の選手が出場する。
　　　イ おそらく雨が降り出すだろう。

9　ア

10　イ

□ 10 ア まるで本物の宝石のようだ。
　　　イ なんて大きな仏像だ。

解説　連体詞は活用しない
自立語である。連体詞は「〜
た・だ」「〜の」「〜る」「〜
な」で終わるものが多い。

得点アップ UP　副詞と連体詞のポイント

▶副詞は主に用言を，連体詞は主に体言を含む文節を修飾する。

11 助 動 詞

入試重要度
☆☆☆

◉助動詞の分類

解答

問題 次の文の ── 線部の助動詞の意味をあとから選び, 記号で答えなさい。

□ 1 娘に普段しない料理を手伝わせる。

□ 2 なかなかうまく説明できない。

□ 3 彼女は午前中から具合が悪いそうだ。

□ 4 庭の木は父が手入れをしているらしい。

□ 5* 朝から電車は通勤ラッシュだ。

ア 使役 イ 断定 ウ 伝聞 エ 推定 オ 否定

1 ア

2 オ

3 ウ

解説 「そうだ」は「伝聞」のほかに,「様態」(〜のように見える)の意味もある。

4 エ

5 イ

◉助動詞の活用

問題 次の( )の助動詞を活用させなさい。

□ 6 子どもにおやつを食べ(せる)。

□ 7 おいし(そうだ)野菜が収穫できた。

□ 8 先生にほめ(られる)ばうれしい。

□ 9 明日雨(だ)ば, 試合は中止だ。

6 させる

7 そうな

8 られれ

9 なら

問題 ── 線部に注目して, 次の( )に◻の動詞を活用させて入れた場合, その動詞の活用形を答えなさい。

□10 どうしても( )たい。 受かる

□11 先生が黒板に( )れた。 書く

□12* 絶対に( )ない。 泣く

□13 これから雨が( )ようだ。 降る

□14 子どもにお手伝いを( )せる。 する

□15 今から家に( )らしい。 来る

10 連用形

11 未然形

12 未然形

13 連体形

14 未然形

15 終止形

得点
アップ
UP

◉助動詞

▶助動詞は, 文節の中で自立語のあとについて, 意味を添える。

▶助動詞によっては, 意味が一つでないものもある。

12 助 詞

◉助詞の分類

問題 次の文の──線部の助詞の種類をあとから選び, 記号で答えなさい。

□1 私<u>は</u>, 昨夜からずっと仕事をしています。

□2 少し早いです<u>が</u>, 誕生日プレゼントです。

□3 本<u>と</u>ノートを持って講義に出席する。

□4 妹<u>の</u>ＣＤでも, 無断で借りたりしない。

□5 冷蔵庫の中のケーキは誰のです<u>か</u>。

　　ア 格助詞　イ 接続助詞　ウ 副助詞　エ 終助詞

◉接続助詞

問題 次の文の──線部の接続助詞の働きをあとから選び, 記号で答えなさい。

□6 油絵は色を重ね<u>たり</u>, 削っ<u>たり</u>して描く。

□7 いくら運動し<u>ても</u>, 体重が減らなかった。

□8 今注文しない<u>と</u>, 締め切りに間に合わない。

□9 準備をした<u>ので</u>, すべて上手くいった。

□10 止めた<u>ところで</u>, 彼女は耳を貸さないだろう。

　　ア 確定の順接　イ 仮定の順接　ウ 確定の逆接
　　エ 仮定の逆接　オ 並立　　　　カ 前置き

問題 次の文の──線部のうち, 接続助詞はどれか。次から選び, 記号で答えなさい。

□11 ア 夕方<u>から</u>雨が降った。
　　　イ 遠い町<u>から</u>やってきた。
　　　ウ テレビを見て<u>から</u>寝た。

解答

1　ウ

2　イ

3　ア

4　ア

5　エ

解説 助詞は自立語のあとについて, 文節の関係を示したり, 語句に意味を添えたりする働きをもつ。

6　オ

7　ウ

8　イ

9　ア

10　エ

11　ウ

解説 接続助詞は, 前後の文や文節をつなぎ, 主に活用する語につく。確定の順接の働きをする。

得点 **アップ** げP　助詞のポイント

▶「の」など, 同じ形の格助詞は, 意味による使い分けに注意して見分けよう。

13 まぎらわしい品詞の識別

入試重要度
☆☆☆

◉品詞の識別

問題 次の文の——線部の品詞の種類を, あとから選び,
記号で答えなさい。

□ 1 <u>ある</u>朝のことだった。

□ 2 今日は大会が<u>ある</u>。

□ 3 彼女は<u>大切な</u>人だ。

□ 4 冬<u>な</u>のに暖かい。

□ 5 荷物が少し<u>軽く</u>なった。

□ 6 今日は月曜日<u>です</u>。

□ 7 今, はじめて聞いた<u>よ</u>。

　　ア 連体詞　　イ 形容動詞
　　ウ 形容詞　　エ 動詞
　　オ 助動詞　　カ 助詞

◉修飾語になる品詞の識別

問題 次の文の——線部が用言を修飾している連用修
飾語で副詞ならア, 体言を修飾している連体修
飾語で連体詞ならイ, で答えなさい。

□ 8 <u>そっと</u>ドアを開ける。

□ 9 先生のお話は<u>とても</u>すばらしい。

□10 <u>大きな</u>橋が架かる。

□11 <u>どの</u>人があなたのお姉さんですか。

□12 <u>つくづくと</u>妹の顔を見つめた。

□13 <u>あらゆる</u>難しい問題を解決する。

解答

1　ア

2　エ

3　イ

4　オ

解説「な」は断定の助動詞
「だ」の連体形。後ろに「の
で」や「のに」が続く。

5　ウ

6　オ

解説「です」は「だ」の丁寧
な表現で,「断定」を表す。

7　カ

解説「よ」は文末の様々な
語について, 意見や感情を
強めて相手に伝える働きを
する。

8　ア

9　ア

10　イ

11　イ

12　ア

13　イ

解説　——線部のそれぞれ
の言葉がかかっている語を
確かめ, 判断する。

◉問われやすい品詞

▶大きい, 小さい, おかしい→形容詞

▶大きな, 小さな, おかしな→連体詞

14 敬 語

入試重要度
☆☆☆

社会

理科

数学

英語

国語

問題 次の文の──線部に使われている敬語の種類を，あとから選び，記号で答えなさい。

解答

- □ 1 私が伺います。
- □ 2 母が帰って参りました。
- □ 3 はい。私が姉です。
- □ 4 私がご案内いたします。
- □ 5 先生がおこしになる。
  ア 尊敬語　イ 謙譲語　ウ 丁寧語

1　イ
2　イ
3　ウ
4　イ
5　ア

問題 次の文の──線部を助動詞を使って，丁寧語に書き直しなさい。

- □ 6 遠方の母に手紙を書いた。
- □ 7 父がうれしがるだろう。

6　書きました
7　うれしがるでしょう

問題 次の文の──線部の言葉を謙譲の意味をもつ動詞を使って書き直しなさい。

- □ 8 先生の昔話を聞いた。
- □ 9 母が「くれぐれもよろしく」と言っておりました。

8　伺った
9　申して

問題 次の──線部の言葉が正しい敬語であれば○を書き，誤りであれば正しく書き直しなさい。

- □10 父がすべて準備いたしました。
- □11 あなたが申したことは正しい。
- □12 先生どうぞご覧ください。

10　○
11　おっしゃった
12　○

解説 敬語の種類は，誰の動作かで見分けよう。

得点
アップ
UP

◎敬語の見分け方のポイント
▶聞き手や，話の中心になる人物の動作→尊敬語
▶話し手や，身内の人物の動作→謙譲語

15 詩

入試重要度
☆☆☆

問題 次の詩を読んで，あとの各問いに答えなさい。

解答

素朴な琴　　　八木重吉

この明るさのなかへ

ひとつの素朴な琴をおけば

秋の美しさに耐えかねて

琴はしづかに鳴りいだすだろう

□ 1　この詩は自由詩ですか。定型詩ですか。

□ 2*　この詩で用いられている表現技法を次から選び，
記号で答えなさい。
ア　倒置　　イ　対句
ウ　直喩　　エ　擬人法

□ 3　「秋の美しさ」にあてはまるものを次から選び，
記号で答えなさい。
ア　朧月夜　　イ　紅葉
ウ　八十八夜　エ　室咲き

□ 4*　この詩の鑑賞文を次から選び，記号で答えなさ
い。
ア　作者が一人琴を弾く孤独さを描いている。
イ　秋の美しさを聴覚と視覚に訴えている。
ウ　琴を明るさと美しさの象徴としている。
エ　秋のもの悲しさを琴の音色で忘れようとし
ている。

1　自由詩
解説 音数や行数に一定の
きまりがあるものを定型詩，
ないものを自由詩という。

2　エ
解説 「秋の美しさに耐え
かね」た「琴」が，誰が弾く
こともなく「しづかに鳴り
いだすだろう」とあり，「琴」
を人のようにたとえている
ので，擬人法が用いられて
いる。

3　イ
解説 秋の美しさを代表す
る「紅葉」に感動している。

4　イ
解説 「明るさ」「美しさ」
という目で感じる「視覚」と，
「琴」が「鳴りいだす」という
耳で感じる「聴覚」を読者に
訴えかけている。

得点
アップ
UP

◎詩の読解のポイント
▶倒置や擬人法といった，表現技法が用いられている部分に注意すると，
作者の心情や詩の主題を読み取りやすい。

16 短　歌

入試重要度
☆☆☆

問題 次の短歌を読んで，あとの各問いに答えなさい。

社会｜理科｜数学｜英語｜国語

解答

A ふるさとの潮の遠音（とおね）のわが胸にひびくをおぼゆ
　初夏の雲　　　　　　　　　　与謝野晶子（よさ の あきこ）

B あかあかと一本の道とほりたりたまきはる我が
　命なりけり　　　　　　　　　斎藤茂吉（さいとう も きち）

C 信濃路（しなのぢ）はいつ春にならん夕づく日入りてしまら
　く黄なる空のいろ　　　　　　島木赤彦（しまき あかひこ）

D 幾山河（いくやまかは）越えさり行かば寂（さび）しさのはてなむ国ぞ今
　日も旅ゆく　　　　　　　　　若山牧水（わかやまぼくすい）

E 春の鳥な鳴きそ鳴きそあかあかと外の面（と も）の草に
　日の入る夕べ　　　　　　　　北原白秋（きたはらはくしゅう）

□1 Bの短歌から枕詞（まくらことば）を抜き出しなさい。

□2 Cの短歌に用いられている表現技法を次から選
　び，答えなさい。

　ア 反復　　　　　イ 対句

　ウ 体言止め　　　エ 省略

□3 Eの短歌の句切れを答えなさい。

□4 体言止めが用いられている短歌をすべて答えな
　さい。

□5 次の鑑賞文（かんしょうぶん）は，どの短歌のものか。A〜Eの短
　歌から選び，答えなさい。

　・孤独（こどく）に耐（た）えながら旅を続ける寂しさをよんで
　　いる。

---

1 **たまきはる**

解説 「たまきはる」は「命」
や「世」などを導く枕詞。

2 **ウ**

解説 短歌が体言「いろ」で
終わっているので，用いら
れている表現技法は体言止
めである。

3 **二句切れ**

解説 「春の鳥な鳴きそ鳴
きそ」で切れている。「な鳴
きそ鳴きそ」は，「鳴き」を
繰り返す反復である。

4 **A・C・E**

解説 「初夏の雲」「黄なる
空のいろ」「日の入る夕べ」
と体言で終わっている。

5 **D**

解説 「寂しさ」「旅」とい
う言葉が句の中にある。

得点
アップ
UP

◎短歌の読解のポイント

▶短歌は五・七・五・七・七の三十一音。

▶句切れや表現技法が用いられているところに，心情や主題が込められている。

17 俳　句

問題 次の俳句を読んで、あとの各問いに答えなさい。

A　野ざらしを心に風のしむ身かな　　松尾芭蕉

B　牡丹散りて打ちかさなりぬ二三片　　与謝蕪村

C　赤い椿白い椿と落ちにけり　　河東碧梧桐

D　小春日や石を嚙み居る赤蜻蛉　　村上鬼城

E　あるけばかつこういそげばかつこう　　種田山頭火

□ 1* Aの俳句から切れ字を抜き出しなさい。

□ 2　Bの俳句から字余りの句を抜き出しなさい。

□ 3* Cの俳句の季語と季節を答えなさい。

□ 4　Dの短歌の句切れを次から選び、答えなさい。
　　ア　初句切れ　　　イ　二句切れ
　　ウ　句切れなし

□ 5　Eの俳句に用いられている表現技法を次から選び、答えなさい。
　　ア　反復　　イ　対句　　ウ　省略

□ 6* 次の鑑賞文は、どの俳句のものか。A〜Eの俳句から選び、答えなさい。
　　・作者が目の前の情景をありのままによみ、鮮やかな色彩の対比を用いて描いている。

解答

1　かな
解説 切れ字は「や」「けり」「かな」などがある。切れ字のあるところは、必ず句切れになる。

2　牡丹散りて
解説「ぼたんちりて」と6字となっている。

**3　季語 椿
季節 春**
解説「椿」は春を表す季語である。

4　ア
解説 切れ字の「や」に着目する。

5　イ
解説「歩いてもかつこう（＝郭公）が鳴いていた。急いでも郭公が鳴いていた。」という俳句である。

6　C
解説 赤と白の鮮やかな色彩が対比されている。

得点アップUP

◎俳句の読解のポイント
▶俳句は五・七・五の十七音。
▶季語や切れ字に注意して、俳句に描かれた情景を読み取る。

18 古 文 ①

（社会／理科／数学／英語／国語）

●歴史的仮名遣い

解答

問題 次の──線部の言葉を現代仮名遣いに直しなさい。

□ 1 ほのかにうち光りて行くも<u>をかし</u>。 1 おかし

□ 2 <u>えもいはず</u>大きなる石の… 2 えもいわず

□ 3 月日経て，若宮ま<u>ゐり</u>給ひぬ。 3 まいり

□ 4 母こそ<u>ゆゑ</u>あるべけれ。 4 ゆえ

□ 5 …咲く花の<u>にほふ</u>がごとく… 5 におう

□ 6 その時悔ゆとも，<u>かひ</u>あらむや。 6 かい

解説 ①語中の「は・ひ・ふ・へ・ほ」は「ワ・イ・ウ・エ・オ」と読む。②ワ行の「ゐ・ゑ・を」は「イ・エ・オ」と読む。

●現代語とは意味が異なる古語

問題 次の単語の訳をあとから選び，記号で答えなさい。

□ 7 あさまし 7 オ

□ 8 いとほし 8 ア

□ 9 かなし 9 ウ

□10 つれなし 10 イ

□11 ふと 11 エ

　　ア 気の毒だ　　イ 平気だ　　ウ いとしい
　　エ さっと・すぐに　　オ 驚きあきれる

問題 次の──線部の古語の現代語訳を答えなさい。

□12 <u>すさまじき</u>もの。昼ほゆる犬，春の網代。 12 興ざめな

□13 藤の花は，しなひ長く，色濃く咲きたる。いと<u>めでたし</u>。 13 すばらしい

□14 皆人，酒の気ありて，<u>さかしき</u>人もなかりしかば。 14 しっかりしている

◎古文の読解のポイント①

▶現代仮名遣いに注意しよう。
　古語の訳は，現代語訳とは意味が違うものが多いので注意しよう。

19 古文 ②

入試重要度
☆☆☆

問題 次の古文を読んで，あとの各問いに答えなさい。

有る人銭をうづむ時，「かまへて人の目には蛇に見えて，
（埋める時）

身がみる時斗銭になれよ」といふを，内の者聞居て，そと
（〜だけ）

銭をほりてとりかへ，蛇をいれてをきたり。くだんの亭主，
（例の）

後にほりてみれば，蛇あり。やれをれじや，見わすれたか
（帰ってきた）後掘って

と，幾度も，なのりつるこそ聞事なれ。　（「安楽庵策伝」）
（いくたび）　　　　　　　　　（聞く価値がある）

□ 1* ——線部「身」が指しているものを選び，記号で
答えなさい。

　　ア 亭主　　イ 銭　　ウ 蛇

□ 2* この古文にはもう一箇所「　」をつけるところが
ある。その初めと終わりの三字を答えなさい。

□ 3* この古文の内容と合っているものを次から選び，
答えなさい。

　　ア 家の者は，亭主から銭を埋めたということ
　　　を直接聞いた。

　　イ 家の者は，亭主の銭を自分の銭とこっそり
　　　取りかえた。

　　ウ 亭主は，掘り起こした蛇を銭だと思い込ん
　　　で話しかけ続けた。

　　エ 亭主は，いつまでも銭に変わらない蛇を嘆
　　　き悲しんだ。

解答

【現代語訳】
　ある人が銭を地面に埋め
て隠すとき，「きっと，他
人の目には蛇に見えて，わ
しが見るときだけは，銭に
なれよ」というのを，家の
者が聞いていて，夫の留守
の間に，こっそりと埋めた
銭を掘って，代わりに蛇を
入れておいた。銭を埋めた
亭主が，帰ってから地面を
掘ってみると，蛇がいる。
「おい，おれだ，見忘れたか」
と何度も名乗っているのを
聞くのは，実におもしろい。

1　ア

2　初め やれを
　　終わり れたか

解説 引用を表す「と」に着
目する。

3　ウ

解説 最後の一文とウが合
う。亭主は銭を蛇に取りか
えられたと思っていない。

◎古文の読解のポイント②
▶主語を考えながら読もう。
▶引用を表す「と」に注意して会話文に注意しよう。

20　漢文

入試重要度 ☆☆☆

社会　理科　数学　英語　国語

問題（　）内の読みに従って、送りがなをつけなさい。

1　月落烏啼（つきおちからすなく）
2　大器晩成（たいきばんせいす）
3　孔子聖人（こうしはせいじんなり）
4　日没月出（ひぼっしつきいづ）

問題（　）内の読みに従って、返り点と送りがなをつけなさい。

5　百聞不如一見（百聞は一見にしかず）
6　聞一以知十（一を聞いて以て十を知る）
7　少年易老学難成（少年老い易く学成り難し）
8　深不可測（深きを測るべからず）
9　山青花欲然（山青くして花然えんとす）
10　師教弟子学（師は弟子に学を教ふ）
11　己所不欲、勿施於人（己の欲せざる所、人に施すこと勿れ）
12　学者可惜寸陰（学ぶ者は寸陰を惜しむべし）

＊寸陰＝わずかの時間。

解答

1　月落烏啼ク
2　大器晩成ス
3　孔子ハ聖人ナリ
4　日没シ月出ヅ

5　百聞不ニ如一見一
6　聞レ一以テ知ルレ十ヲ
7　少年易クレ老ヒ学難シレ成リ
8　深キ不レ可カラレ測ル
9　山青クシテ花欲スレ然エント
10　師ハ教フレ弟子ニ学ヲ
11　己ノ所レ不ルレ欲セ、勿レレ施スコト於人ニ
12　学者可シレ惜シム寸陰ヲ

解説　レ点…下の一字からすぐ上の一字に返って読む符号。一・二点…二字以上を隔てて、下から上に返って読む符号。

得点アップUP

◎書き下し文

▶漢文を返り点に従って読み、漢字仮名交じりの文に直したものを書き下し文という。

▶助詞・助動詞にあたる漢字（之〔の〕、与〔と〕、不〔ず〕、也〔なり〕など）はひらがなに。

特集　文　学　史

問題 次の作品の時代をあとから選び，記号で答えな

さい。

解答

- □ 1　伊勢物語
- □ 2　宇治拾遺物語
- □ 3　おくのほそ道
- □ 4　たけくらべ
- □ 5　雨月物語
- □ 6　万葉集

　　ア　奈良時代　　イ　平安時代　　ウ　鎌倉時代

　　エ　江戸時代　　オ　明治時代

1	イ
2	ウ
3	エ
4	オ
5	エ
6	ア

問題 次の作品の作者名を，あとから選び，記号で答

えなさい。

- □ 7　方丈記
- □ 8　南総里見八犬伝
- □ 9　高瀬舟
- □10　おくのほそ道
- □11　東海道中膝栗毛
- □12　友情

　　ア　松尾芭蕉　　イ　十返舎一九　　ウ　森鷗外

　　エ　武者小路実篤　　オ　鴨長明　　カ　滝沢馬琴

7	オ
8	カ
9	ウ
10	ア
11	イ
12	エ

問題 次の作家と作品名からそれぞれの思潮をあとか

ら選び，記号で答えなさい。

- □13　二葉亭四迷「浮雲」
- □14　森鷗外「舞姫」
- □15　島崎藤村「夜明け前」
- □16　谷崎潤一郎「春琴抄」
- □17　志賀直哉「城の崎にて」
- □18　小林多喜二「蟹工船」

　　ア　白樺派　　イ　自然主義

　　ウ　浪漫主義　　エ　プロレタリア文学

　　オ　耽美派　　カ　写実主義

13	カ
14	ウ
15	イ
16	オ
17	ア
18	エ

得点 アップ じP　文学史のポイント

▶作品の時代や作者名は，セットで覚えよう。